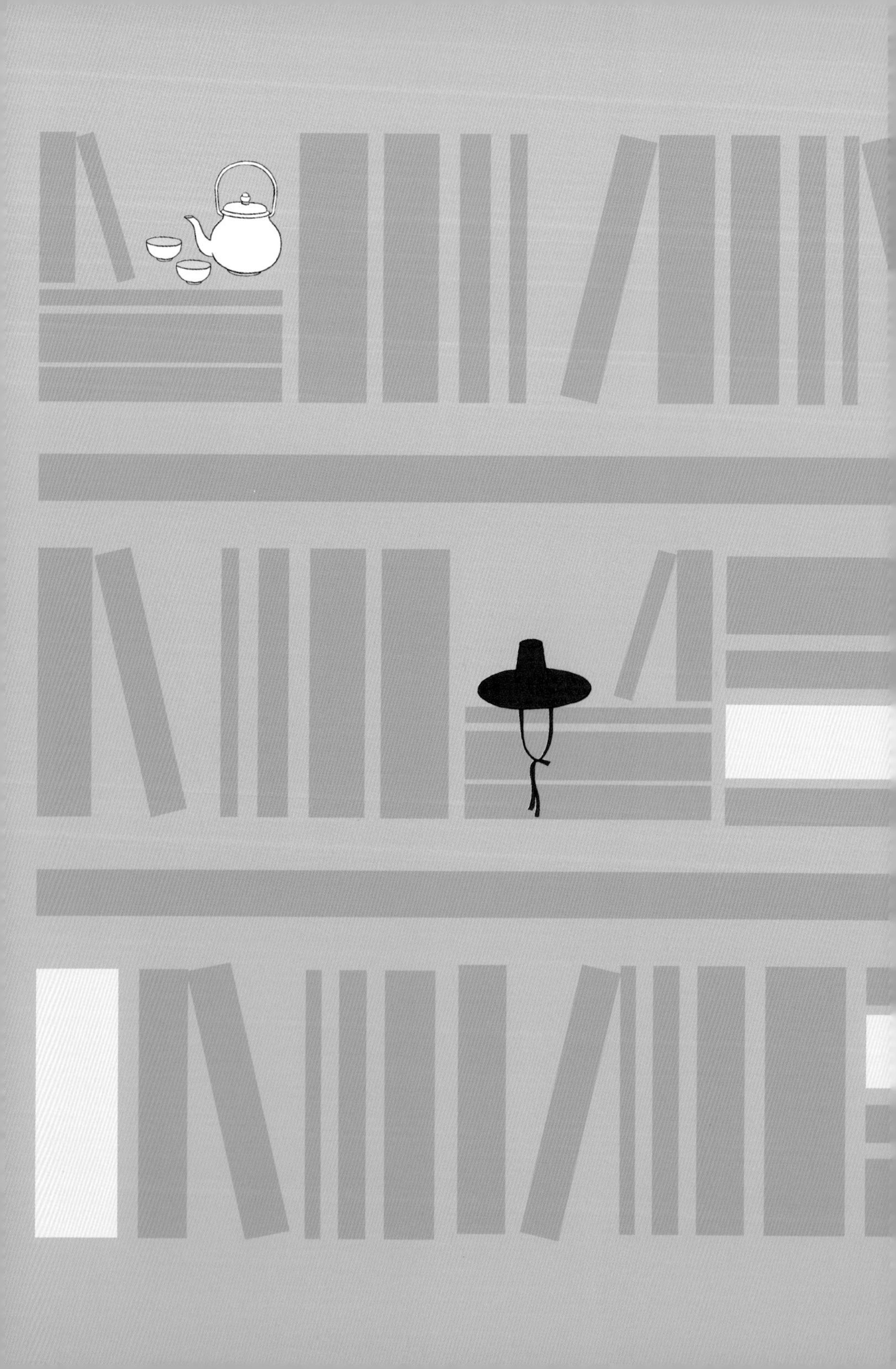

우리가 알아야 할

# 교과서 밖
# 조선의 역사

우리가 알아야 할

# 교과서 밖
# 조선의 역사

장수찬 지음

사람in

## 선원사를 지나면서

충성을 다한 마음이 사당 앞 나무들을 물들여

가을 서리 단풍은 잎잎마다 붉기만 하구나!

차 례

우리 역사는 깊습니다. 5,000년 전 단군왕검이 심은 역사의 나무에 고구려 · 백제 · 신라라는 물을 주니, 고려라는 가지가 뻗어 나와 조선이라는 나라로 꽃을 피웠는데요. 그 꽃의 이름이 지금에 와선 대한민국으로 불리고 있습니다. 이처럼 떳떳하고 당당한 역사 때문인지, 세계 각국에서 문화강국으로 인정도 받고요.

사실 문화강국의 기반은 문치文治에서 출발한다고 해도 과언이 아닙니다. 영국은 셰익스피어의 문학이 있었기에, 군사적 · 정치적 영향력은 상실했지만 문화적 역량만큼은 세계 최고입니다. 비단 영국만이 아닙니다. 독일은 문학가 괴테를, 중국은 만세사표萬世師表로 추앙받는 공자를 문화 상징으로 자랑하고 있습니다. 우리나라도 마찬가지입니다. 문화강국으로서 그 역량이 확보된 시절은 문치주의가 만개했던 조선 시대입니다. 영국의 세익스피어, 독일의 괴테, 중국의 공자에 비견될 만한 세종대왕이 나온 시대가 바로 이 시절입니다. '백성의 나라'라는 '민국民國'의 단어가 나온 시대도 조선 후기 영·정조 시절이고요. 민국 시대였던 영·정조 시절은 한글 윤음綸音, 즉 임금이 신하나 백성에게 내리는 글이 반포되어 통치자와 백성 사이에 소통이 오가던 시기이기도 합니다. 이 빛나는 시대에 5,000년 어느 시절보다 많은 기록물이 저술되었고, 수많은 이야기도 생겨났습니다. 하지만 이후 일제의 식민 지배라는 최악의 흑역사 때문인지, 그 역사가 외면받고 있기도 합니다.

나라든 사람이든, 삶에 여유가 생기면 과거를 뒤돌아보기 마련입니다. 그 과거에서 위로를 받기도 하고, 반성하기도 하며,

교훈을 얻기도 합니다. 5,000년 우리 역사에서 많은 나라가 일어나고 쓰러졌지만, 결국에는 문치가 흥성했던 조선 시대의 기록 문화만이 대다수 남아 있습니다. 그 모든 기록이 지금의 대한민국을 만든 것입니다. 이것은 엄연한 역사의 진실입니다. 조선 시대를 기록한 이야기를 모르면 우리 한국인의 미래도, 대한민국의 미래도 알 수 없습니다. 왜냐하면 과거의 역사는 곧 미래의 거울이기 때문입니다.

이런 절실함으로 《교과서 밖 조선의 역사》가 기획되었습니다. 흥미롭고 기이한 이야기를 통해 바로 앞 시대를 살펴보고, 뒷날의 미래를 대비하자는 것이죠. 제가 준비한 스물다섯 개의 시선은 이 책을 읽는 독자 여러분께서 조선을 이해하는 데 좋은 길잡이가 될 것입니다. 각 장 끝머리에 나오는 '서양 역사 톺아보기' 역시, 조선과 서양을 비교해볼 수 있는 또 다른 시점을 제공해드릴 겁니다. 그 흥미진진한 조선 역사 여행을 저와 함께 떠나보지 않으시겠습니까? 그렇다면 이제, 이 책을 펼쳐보십시오.

우리가 알아야 할

# 교과서 밖

# 조선의 역사

# 01

## 조선 시대 여성은
## 남성처럼 계급장을 달았다?

: 흉배를 착용한 조선 여성 이야기

조선 시대는 여성 차별과 여성 혐오가 짙던 시대라고 말하지만 반은 맞고 반은 틀린 이야기예요. 조선 전·중기까지만 하더라도 여성은 존중받는 인격체였습니다. 지위도 낮지 않았고, 재산 상속도 남녀가 똑같이 나누어 가지는 '균분상속'이 원칙이었습니다. 남성이 장가를 들면 좋은 싫든 처가살이가 원칙이었고요. 이뿐만이 아닙니다. 남편이 사망하면 재혼도 자유로웠고, 한 남자만 섬겨야 하는 굴레도 없었어요.

## 초상화를 남긴 정경부인 이씨와 신사임당

세종대왕 시절 영의정을 지낸 하연河演, 1376~1453 대감의 정실 부인은 이씨 성을 쓰던 분이었는데, 놀랍게도 이씨 부인의 초상화가 남아 있습니다. 남녀차별의 시대에 얼굴을 내놓은 여성 초상화를 그렸다는 사실이 의외라고 생각될 수 있겠지만, 부인이 생존하던 15세기에는 그런 차별은 없었습니다.

초상화 속 이씨 부인은 정1품의 고귀한 정경부인입니다. 남편 하연이 정1품 보국숭록대부輔國崇祿大夫의 품계를 받아 그녀 역시 당당하게 1품의 지위에 올랐지요. 이씨 부인이 1품에 오른 것은 반려자로서 공로가 있었기 때문입니다. 이뿐만이 아니에요. 아들이 관직에 올라 사회적 성취를 거둔다면 그 어머니 역시 품계를 받을 수 있었습니다. 아들의 성공은 '모친의 뒷바라지가 있어서 가능하다'라는 사회적 인식 때문으로, 법전에 명문화될 만큼 여성의 내조를 조선왕조에서도 인정한 셈입니다.

이원수李元秀, 1501~1561라는 인물이 있었습니다. 그는 5만 원권 주인공 신사임당申師任堂, 1504~1551의 남편입니다. 부인 신사임당 가문의 재산과 지체는 어마어마했습니다. 편모슬하에서 가난을 먹고 자란 이원수는 당시 풍속에 따라 사임당의 친정인 강릉 오죽헌에서 처가살이를 시작했어요. 그곳에서 조선의 대학자 율곡栗谷 이이李珥, 1536~1584가 탄생했으니, 이원수가 처가 덕을 톡톡히 본

**정경부인영정(貞敬夫人影幀)**

정경부인 성주 이씨의 초상화. 이씨 부인은 1449년(세종 31) 영의정에 오른 하연의 정실
이자, 고려 말 〈다정가〉로 유명한 이조년(李兆年)의 현손녀였다. 그녀가 사망하고 3년 뒤,
아들 하우명(河友明)이 부모님을 추모하고자 초상화를 그렸다고 한다. 이런 부부 동반 초
상화는 조선 전기의 것만이 현존한다. 전라북도 유형문화재 제81호

것은 틀림없습니다. 사임당은 아들이 장성하자 친정인 강릉을 떠나 시댁이 있는 파주로 거처를 옮겼지만, 내킬 때마다 친정과 시가를 오갔습니다. 아들 없이 세상을 떠난 아버지를 위해 양자를 들이기도 하고, 강릉에서 쓸쓸히 지내던 어머니 이씨를 극진히 모시기도 했습니다.

## 계급장을 떼지 않았던 조선 전기 여인들

현대인의 시각에서 사임당의 행동은 조선 시대 남성들이 도맡았던 영역으로 보일 겁니다. 하지만 조선 중기까지만 해도 남녀의 영역이 그렇게까지 구별되지 않았습니다. 남녀차별이 심했던 것도 아니므로 그 시대엔 상식적인 일이었다고 보셔도 무방합니다.

2000년 3월의 일입니다. 경기도 양평군 남양 홍씨 묘역에서 의미심장한 유물이 발굴되었습니다. 정경부인 이씨와 신사임당의 경우처럼, 조선 전기 여성의 높은 지위를 상기시켜준 이 유물은 바로 흉배胸背였습니다. '흉배'는 남성의 예복에 부착해 신분의 고하를 알려주는 계급장이라 할 수 있는데요. 문관은 날개가 달린 날짐승, 무관은 다리가 달린 길짐승으로 흉배를 만들어 가슴팍에 달았습니다.

**안윤행 초상과 흉배**
쌍학을 수놓은 조선 후기 흉배. 흉배
에 날짐승인 학이 두 마리 있으므로
초상화의 주인공은 문관 출신의 고
관이라는 사실을 알 수 있다. 국립중
앙박물관

흉배는 관리뿐만 아니라 소수의 왕실 여성도 착용할 수 있었습니다. 지엄한 신분이기에 가능했던 것이지요. 그러나 왕실 여성이 아닌 일반 여성도 흉배를 착용했다는 것은 알려지지 않았던 사실입니다. 《중종실록》에 단지 몇 줄의 기록으로만 남아 있습니다. 여기엔 선비 집안의 여인이 입는 궁중 예복에는 남편의 품계에 맞게끔 흉배를 달았다는 내용이 언급되어 있습니다.

걸옷은 곧 (부인의) 예복인데, 흉배를 한낱 무명옷에 붙일 수 없습니다. 만일 (착용을) 금지할 시에는 조정의 커다란 위엄이 없어지므로, 부녀자들은 오직 남편의 관직에 따르도록 한다면 계급이 또한 밝아질 것입니다.
_____《중종실록》26권, 중종 11년 10월 29일 정축 5번째 기사

여성 흉배는 기록으로만 있고 실물은 없었기 때문에 흉배를 남성 전유물로 여긴 것이 지금까지의 상식이었습니다. 하지만 이 깜짝 발견으로 조선 중기만 해도 여성 흉배가 존재했음이 드러난 셈입니다.

조선 시대 사극 드라마를 한번 떠올려봅시다. 이제껏 텔레비전 속 양반가 여인들은 남성과는 달리 흉배 없는 예복인 원삼과 당의를 착용하고 궁중에 출입하는 것으로만 그려졌습니다. 이는 고증의 오류입니다. 사대부 여성도 남편의 품계에 따라 각

자 흉배를 가슴에 달고선 격식을 차렸다는 게 역사적 진실입니다. 여성들도 사회적으로 존중을 받아 계급장이 달린 관복을 입고 다녔던 것이죠.

여성 흉배는 대다수가 16세기를 전후해 살다 간 여성들 묘

**백한흉배**
남양 홍씨 묘역에서 출토된 연안 김씨 부인 단령(團領)에 수놓은 공작 흉배. 조선 전기 여성도 남성과 동등하게 흉배를 착용했다는 사실을 알려주는 중요한 복식 유물이다. 경기도박물관

에서 출토되었습니다. 인천 석남동 무연고 여인 묘역에서는 공작 흉배가, 파평 윤씨 부인 묘역에서는 해오라기 흉배가, 진주 류씨와 밀양 박씨 부인 묘역에서는 호랑이와 표범 흉배가 발견되었어요. 여성이 계급에 맞게 흉배를 착용하던 관습은 이상하게도 17세기를 기점으로 갑작스레 사라지고 맙니다.


## 불편한 17세기의 도래, 추락하는 여권

17세기에는 서양의 기독교 문화처럼 중국의 성리학적 제도가 조선의 일상생활을 지배하면서 남성과 여성의 차별이 극명하게 나타납니다. 남녀의 흉배 착용에서도 말이에요. 남성은 여전히 품계에 따라 흉배를 착용했지만, 여성은 '목숨 수壽' 자를 새긴 흉배나 봉황 흉배만 사용했습니다. 여성 권리가 격하되어 계급 표시는 사라지고 남성과 차별화된 것입니다. 이러한 성차별은 흉배에서만 나타나는 것이 아니라, 17세기를 전후해 여러 제도와 관습에서도 발생합니다.

첫 번째는 제사와 재산 상속 제도인데, 모든 게 장자 중심으로 변합니다. 처음에는 딸이, 다음에는 큰아들 외의 아들이 제사와 재산의 몫을 잃게 됩니다. 자유로웠던 이혼 풍습과 재혼도 17세기 들어서는 제약을 받습니다. 여성의 재혼 금지는 이보다 앞

**당의**
조선 후기 일반 여성이 의례복으로 착용하던 봉(鳳) 흉배 당의. 17세기 이후 여성은 봉황 흉배만 달 수 있었다. 남성의 관복과 동일 문양의 흉배를 착용하던 관습이 사라진 것을 알 수 있다. 국립민속박물관

선 15세기 성종 시절에 이루어지는데요. 성종의 지독한 여성 편력을 상기해보면 내로남불내가 하면 로맨스, 남이 하면 불륜 느낌을 지울 수 없습니다.

임금성종이 말했다.

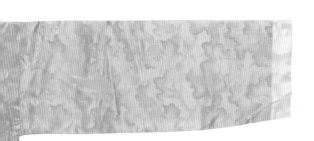

"경전에 이르기를 '믿음은 부인의 덕이다. 한 번 남편과 혼인하면 종신토록 고치지 않는다'라고 하였다. 이 때문에 삼종三從의 의리가 있어서 한 번이라도 어기는 예가 없는 것이다. 세상의 도덕이 날로 나빠진 뒤로부터 여자의 덕이 정숙하지 못하여 사족士族의 딸이 예의를 생각지 않거나 혹은 부모 때문에 절개를 잃고 혹은 스스로 재혼을 하니, 한갓 자기 집안의 가풍을 파괴할 뿐만 아니라 실로 성현의 가르침에 누를 끼친다. 만일 엄하게 금령을 세우지 않는다면 음란한 행동을 막기 어렵다. 이제부터 재혼한 여자의 자손은 관료가 되지 못하게 하여 풍속을 바르게 하라."

_____《성종실록》82권, 성종 8년 7월 18일 계미 4번째 기사

이런 풍조의 원인은 앞서 말씀드린 흥배의 사례와 같이 중국화의 영향입니다. 임금과 양반 사대부는 중국의 부계남성 문화가 선진 문명이라고 오해했습니다. 그래서 여성의 권리를 제약하거나 순종을 강요한 것입니다. 이러한 트렌드는 동양에서만 있었던 것은 아니었어요. 종교학문가 세속적인 사회를 지배하면

여성 혐오와 비하는 필연적으로 출현하던 것이 안타깝게도 역사의 진행 방향이었지요.

　서양의 중세와 근대는 기독교 문화가 지배하던 시절이었습니다. 기독교의 여성 혐오는 조선 시대보다 더 심각했습니다. 여성을 사탄이나 마녀로 몰아세워 화형에 처하는 일도 빈번했고요. 중세 문학인 셰익스피어의 작품에는 가부장제에 저항하는 여성을 과도하게 징벌하는 내용도 적지 않습니다. 셰익스피어의 여성 혐오적 태도를 비난하는 영문학자도 많긴 합니다만, 중세적 종교관에서 여성이란 그저 타락한 존재를 의미했습니다. 여성을 모든 악의 근원으로 보았고, 죄악시하며 혐오하는 게 당연하다고 생각했어요.

　다시 조선 시대로 넘어가 봅시다. 다행인지 불행인지 모르겠지만, 당시 지배층 남성들은 당쟁 때문에 여럿 죽어나가게 됩니다. 특히 서인 계열이 심했는데, 그래서 그런지 서인 가문 여성들이 집안의 큰 어른으로 부상했습니다. 남성을 대신해 책임지는 일도 많아졌고, 학문도 장려되었어요. 벼슬길이 좌절된 남성은 처가나 며느리의 경제력에 의지하기도 합니다. 학문적 흐름 역시 여권女權 상승에 영향을 줍니다. 18세기에는 명말 청초의 패관문학과 더불어 최신 학문인 금석학과 고증학이 전래됩니다. 이 때문에 성리학적 분위기도 차츰 사라지고, 서울 양반 사이에서는 여권이 존중되기 시작합니다. 억압보다는 자유를 얻게 된 것이에요. 하지만 권력에서 멀어진 경상도 지역은 성리학적 지배 분위기가 바뀌지 않았습니다. 서울 지역과 달리 여성 억압이 그치질 않았죠. 평생을 시집살이하며 집 안에서만 갇혀 사는 역사가 그 지역에서는 반복되었던 것입니다.

**서양 역사 돌아보기**

조선 전기 여인들의 옷에 흉배가 달려 있던 1516년, 서양에서는 무슨 일이 벌어졌을까? 공교롭게도 영국에서는 '블러디 메리Bloody Mary'라는 별칭으로 더 유명한 여왕 메리 1세Mary I, 1516~1558가 태어났다. 그녀는 영국 왕 헨리 8세의 적실 공주로 태어났지만, 아들을 원했던 아버지 때문에 지위가 불안정했다. 공주가 되었다가 사생아가 되었다가, 한마디로 천국과 지옥을 오갔던 것이다. 블러디 메리, 즉 '피의 메리'는 독실한 가톨릭 신자였던 메리 1세가 재위 내내 개신교와 성공회를 탄압하여 붙은 별칭이었다.

# 02

## 조선 팔도에
## 일본인 노비가 돌아다녔다?

: 노예무역이 성행하던 일본의 민낯 이야기

《조선왕조실록朝鮮王朝實錄》을 읽다가 흥미로운 사실 하나를 발견했습니다. 바로 왜인倭人 노비의 존재입니다. 일본인이 머나먼 이역, 조선에 와서 노예 생활을 하고 있다니! 도대체 무슨 사연으로 비참한 삶을 살았던 것일까요? 이를 위해 우선 《조선왕조실록》에 기록된 일본인 노비의 흔적을 살펴보도록 합시다. 처음 등장하는 실록의 기사는 태종 8년1408 10월 21일자 기록입니다.

왜인 노비를 사는 것을 금하다
임금태종이 명령하여 일본인 노비를 사는 것을 금지하였다. 경상도 관찰사가 아뢰기를 "김해 사람 박천朴天의 집에 거래로 구입한 일본인 여자 노비가 있는데, 일본 국왕 사자使者의 배로 도망해 들어갔습니다. 김해 부사가 사자에게 이르기를 '이 일본인 종은 본래 비싼 값을 주고 산 것이다. 지금 숨기고 내놓지 않으면 신의를 통해 교류한다는 외교 정책의 뜻에 어긋나니 빨리 돌려보내라' 하였더니, 일본인 사자가 대답하기를 '우리 나라에는 본래 사노비가 없다' 하고 마침내 돌려보내지 않았습니다" 하였다. 임금이 이 말을 듣고, 명령이 있었던 것이다.

_____《태종실록》16권, 태종 8년 10월 21일 을미 3번째 기사

## 일본에도 노비가 있었다, 게닌과 히닌
_____

조선으로 팔려 온 일본 여자가 있었나 봅니다. 그녀는 조선으로 팔려 와 노예 생활을 하다가 우연히 고향에서 온 외교 사절단과 마주치자, 뒤도 돌아보지 않고 사절단 속으로 냉큼 도망쳤습니다. 조선의 관리는 일본인 노비를 돌려달라며 엄포를 놓았지만, 일본 사절단은 거절했습니다. 나라 간의 신의를 어기면서까지 그녀를 내놓지 않았네요. 사례에서 보듯, 노비가 일본에서 수입되었던 것은 우리에게 잘 알려지지 않은 사실입니다.

원래 일본에는 게닌家人이라고 해서 조선의 사노비처럼 부림

**초량왜관(草梁倭館)의 전경**

조선 후기 동래부 소속 화공이었던 변박(卞璞, 1742~?)의 그림. 일본인 거주지였던 부산 초량왜관은 조선 후기 조일 외교 및 상업 교류의 중요한 장소가 되었다. 국립중앙박물관을 당하던 이들이 있었습니다. 게닌은 주로 빚을 갚지 못해 노비로 전락한 평범한 양인이었는데요. 주인의 뜻에 따라 매매, 양도, 증여가 가능했던 불쌍한 약자입니다. 아마 이런 게닌이 조선에 팔려 왔을 겁니다. 11세기부터 16세기까지 이들의 존재가 확인된다고 하네요. 일본에는 게닌 말고도 히닌非人이라는 사람들도 있었는데, 조선의 사노비보다 더 열악한 집에 살면서 거칠고 영양가 없는 음식을 취식했습니다. 그야말로 죽지 못해 목숨을 연명하던 이들입니다. 히닌은 말 그대로 '사람人이 아닌非' 존재였습니다. 주로 사형 집행, 도살, 오물 청소 등에 종사했지요. 히닌은 양인 호적에도 오르지 못하는 사람들로, 신분 밖의 신분이었습니다. 우리나라로 치면 백정, 인도로 치면 불가촉천민이며, 오늘날 일본에서 부라쿠민部落民으로 취급받던 이들입니다.

아는 분은 아시겠지만, 일본은 본래 신토神道 국가이며 불교 국가입니다. 그래서 신을 모시기 위한 깨끗함의 상징인 '청결의식'이 숭상되었습니다. 복을 부르는 행위를 선호하고 악령과 같은 부정적 존재를 털어내는 '정화의식'도 상당했고요. 이런 종교적 관념 아래 소고기를 먹지 않고, 목욕을 좋아하고, 정돈된 것을 선호했습니다. 일본인의 의식 속에서는 사형 집행, 도살, 오물 청소 등 불결하고 난잡한 일을 하던 히닌은 '사람이 아닌 짐승'일 수밖에 없었습니다. 식민 지배를 받던 시절, 가난한 조선 사람들이 일본으로 건너가 히닌이나 하던 허드렛일에 종사하기도 했습니다. 이들은 소고기를 매우 좋아하고 즐겨 먹었으니, 소고기를 즐기지 않는 일본인의 눈엔 불결한 존재일 수밖에 없었습니다. 일본 우익이 재일 한국인을 차별하거나 부라쿠민을 박대하는 것은 알고 보니 뼛속까지 스며든 일본 신토의 청결의식과 정화의식의 산물 때문이었습니다. 이것은 수백 년을 내려온 일본인의 잘못된 민족성일 겁니다.

## 일본 노비 매매를 금지한 태종

태종은 노비 정책에 매우 부정적이었어요. 조선 전기 유력 가문들은 엄청난 숫자의 노비를 소유하고 있었습니다. 이들 노비는 양인이 아니었기에 국가에 부담하는 역役도 없었고, 세금 역시 내지 않았습니다. 유사시엔 사병으로 돌변해 나라에 위협이 될 수도 있었고요. 그래서 태종은 1414년 종부법從父法을 시행했습니다. 양인 아버지와 노비 어머니 사이에서 태어난 자식 모두를 양인으로 만들어 돌려보내도록 조치한 것이죠. 이것은 노비 인구의 증가를 억제하려던 태종의 의도였습니다.

태종의 현명한 정책은 일본 노비에 관한 실록 기사에서도 확인됩니다. 일본인 노비의 도주를 보고하자, 태종은 아예 일본인 노비 매매를 금지해버렸습니다. 이런 매매가 국역을 지는 양인의 수를 줄여 큰 병폐가 된다는 것을 잘 알았기 때문입니다. 노비는 거주와 이동의 자유를 빼앗겨 가족 간에 잘 만나지도 못했는데, 일본인 노비의 경우는 더욱 심했습니다. 자국민이 아니라 감시가 더 혹독했던 까닭입니다. 태종은 인륜에 반하는 일이라 생각해서인지 부자지간의 경우에는 만남을 허락했습니다.

> 노비로 하사한 일본인 가운데 부자는 서로 만나는 것을 허가하다
> 병조에서 청하기를 "서울에서 관청이나 개인에게 노비로 하사하였던 일본인 가운데 아버지와 아들이 서로 보고 싶어 하면 그 상전에게 고하고, 서로 만나 보는 것을 허가하였으면 합니다" 하니, 상왕태종이 그대로 따랐다.
>
> ____《세종실록》5권, 세종 1년 8월 3일 을해 4번째 기사

## 자국민을 노예로 팔아버렸던 일본의 흑역사

____

유럽이 바다를 지배한 신항로 개척 시대에는 유럽과 접촉한 일본 상인이 꽤 많았습니다. 이들은 같은 일본인을 수출 상품으로 만들어 유럽의 노예상에게 팔아버렸습니다. 당시 일본은 전쟁이 빈번한 전국시대로, 돈이 궁했던 일본의 번藩들은 전쟁을 감당할 자금이 매우 부족했어요. 그래서 외국에 팔 수 있

**조선회화 전 이성린필 사로승구도**

이성린(李聖麟, 1718~1777)의 《사로승구도(槎路勝區圖)》 중 〈6월 17일 요시와라 관소에서 본 구름 낀 후지산〉.
통신사의 화원인 이성린이 에도로 가는 도중에 그린 기록화다. 국립중앙박물관

吉原館六月十七日望見冨士山雪

는 상품을 고안해냈는데, 그 상품은 바로 사람이었습니다. 전국시대 일본은 농민이나 전쟁 포로 등을 아프리카의 흑인 출신 노예같이 해외로 팔아먹는 사례가 아주 많았습니다. 그들이 거래하던 바다 밖 여러 나라 가운데는 조선도 있었고요. 일본에서 성행한 인신매매와 노예무역은 에도시대 이후에야 사라졌습니다. 경제력이 폭발하여 더 이상 노예를 팔지 않아도 되었기 때문이죠. 노예 매매의 자취는 감쪽같이 지워지고, 역사에서는 그 사실을 찾기가 매우 어려워졌습니다. 우리가 일본인 노비에 대해 모르게 된 것도 바로 이런 이유에서였습니다.

**서양 역사 들여다보기**

태종이 일본 노비 매매를 금지한 1408년, 서양에서는 무슨 일이 벌어지고 있었을까? 당시 서양 세계에 군림하고 있던 신성로마제국 황제 지기스문트Sigismund, 1368~1437는 무예에 능한 귀족을 선발해 '드래곤 기사단Societas Draconistarum'을 만들었다. 이슬람 제국 오스만튀르크에 맞서 기독교 세계를 보호하기 위해서였다. 기사단을 창설한 황제가 1437년 사망했지만 기사단은 해체되지 않았으며, 오스만튀르크의 위협에 대응하여 기독교 문명을 수호했다고 전해진다.

# 03

# 왕대비에게 소송을 건
# 간 큰 남자가 있었다?

: 안순왕후와 오계손 이야기

성종 5년인 1474년에 오계손吳繼孫이라는 사람이 있었습니다. 그는 당시 왕대비王大妃이자 예종의 왕비였던 안순왕후安順王后, ?~1498를 상대로 생각지도 못한 소송을 걸었는데, 그 내용이 꽤 흥미롭습니다. 안순왕후에게 상속된 오씨 집안 노비 90명을 돌려달라는 것이 대략의 줄거리인데요. 도대체 무슨 일이 있었기에 지엄한 왕대비를 상대로 소송을 걸었을까요? 정말 궁금해집니다. 여기서 잠깐, 안순왕후 한씨의 삶을 살펴보도록 합시다. 왜냐하면 안순왕후의 삶이 소송 사건에도 연관되어 있거니와, 인생사 또한 참으로 굴곡지기 때문입니다.

## 명나라 황실과 인척이 된 안순왕후 집안

안순왕후의 아버지는 한백륜韓伯倫입니다. 한백륜은 한확韓確이라는 사람의 7촌 조카였는데, 이야기를 풀어가기 위해서는 한확에 대해 이야기하지 않을 수 없습니다.

한백륜의 숙부인 한확은 명나라 황실에 누이들을 시집보내크게 출세한 인물인데요. 명나라 영락제永樂帝의 후궁인 '여비 한씨'와 선덕제宣德帝의 후궁인 '공신부인恭愼夫人 한씨'가 그 주인공입니다. 한확은 누이를 볼모 삼아 명나라 황실을 뒷배로 두었고, 그힘으로 조선 왕실과도 인척 관계를 맺었습니다. 세조의 첫째 아들 의경세자와 혼인한 인수대비가 바로 한확의 딸입니다. 인수대비는 성종의 어머니이기도 하죠. 정말 대단한 혼맥이 아닐 수없습니다. 명나라 공녀로 보내진 한확의 누이 중 여비 한씨는 황후에 버금가는 지위를 누렸습니다. 황후가 일찍 세상을 떠나자황후를 대신해 내명부를 총괄했기 때문입니다. 하지만 영락제가 죽자 후궁이었던 여비 한씨는 슬프게도 순장殉葬되고 맙니다.

누이가 순장되자 한확은 명나라를 뒷배로 한 크나큰 권세를잃어버릴까 두려웠습니다. 그래서 막내 누이를 다시 명나라 공녀로 바쳐 권세를 이어가려 했어요. 한확의 몰상식한 태도는 당대 사람들의 손가락질을 받았습니다. 누이가 순장되었는데 또다른 누이를 명나라로 보내는 것은 사람으로서 할 짓이 아니었으니까요. 공녀로 팔려 가는 막내 누이도 열을 내며 분노했습니다. 시집갈 때 고이 쓰려던 예단 이불을 칼로 찢어 없애버렸고, 가지고 있던 재산도 한 푼 두 푼 친척에게 나누어 주었습니다. 본인에게 희망이 없다는 걸 알았던 것일까요? 조선 여인에게 명나라는 그저 죽으러 가는 땅이었음이 분명합니다. 하지만 사람마다 운을 타고나는 것인지, 다행히도 하늘은 그녀에게 불행한 삶을 내주지 않았습니다. 언니 여비 한씨와는 달리 큰 복록[1]과 천수를 누렸거든요. 황제로부터 '공신부인'이라는 칭호까지 하사받으면서 말이죠. 천지신명이 이역 땅에서 외롭게 살던 그녀의 처지를 어여삐 여겼던 게 아닐까 싶습니다.

## 범상치 않았던 안순왕후 한씨의 인생 역정
————

한씨 집안의 일족이었던 안순왕후는 본래부터 왕후가 된 것은 아니었습니다. 처음 입궐할 때에는 예종당시는 왕세자의 후궁 자격인 소훈昭訓의 직첩을 받아 궁으로 들어갔습니다. 원래 예종의 정부인은 권신 한명회韓明澮의 딸인 장순왕후 한씨였는데요. 세자빈 시절 아이를 낳다가 산후병으로 죽자, 그 자리를 안순왕후 한

————
1)　福祿. 복되고 영화로운 삶을 뜻한다.

씨가 이어받았습니다. 후궁의 신분으로 들어갔다고는 하지만 집안의 위세로 따지면 사실상 세자빈이라 해도 무방했어요.

남편 예종이 즉위하자 그녀는 왕후가 되었죠. 아들도 있었습니다. 남부러울 게 없는 인생 같아 보입니다. 하지만 뜻밖의 상황이 발생합니다. 예종이 즉위한 지 1년 3개월 만에 세상을 뜬 것이죠. 정식대로 하자면 그녀의 아들인 제안대군이 왕위에 올라야 하지만, 세조의 본부인이자 대비로 있던 정희왕후 윤씨가 권신 한명회와 결탁해 의경세자의 아들 자을산군성종을 왕위에 올려놓습니다. 이렇게 되자 그녀의 지위가 혼란스러워졌습니다. 자을산

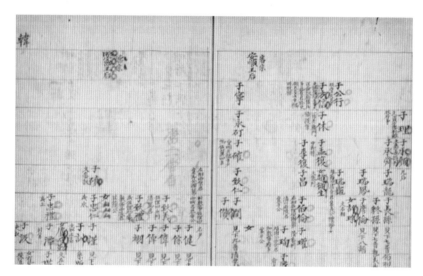

**《만가보》의 청주 한씨 족보**
청주 한씨 족보를 보면 왕비가 된 안순왕후가 아버지를 제치고 족보 맨 위로 이동했음을 알 수 있다. 왕비가 된다는 건 대단한 신분 상승이었다. 해남 윤씨 종가

교과서 밖 _____ 조선의 역사

군의 친모인 인수왕후인수대비 한씨와 서열을 어떻게 정해야 할지가 문제였던 거예요. 남편 예종은 의경세자의 동생이므로, 의경세자의 부인 인수왕후 한씨는 안순왕후의 윗동서였습니다. 왕실의 법도로 따지면 처음부터 정식 왕비였던 안순왕후가 남편의 사후 뒤늦게 왕비가 된 인수왕후보다 격이 높았지만, 어찌 된 일인지 사가의 법도에 따라 윗동서 인수왕후를 손위로 모시게 되었죠. 몇 달 전만 해도 내명부 서열 1위의 왕비였지만, 시어머니와 윗동서에 이어 서열 3위로 급격히 추락한 셈입니다. 그래서 안순왕후는 궁궐에서 숨죽이고 살 수밖에 없었던 거 같습니다. 오계손이 당당하게 왕대비를 상대로 소송을 걸 수 있었던 이유도 안순왕후의 권력이 별 볼 일 없다는 것을 알았기 때문이겠죠.

원래 오계손은 오정吳婧이라는 사람의 서자, 즉 첩의 아들이었습니다. 오정의 본부인은 창녕 성씨로, 안순왕후 한씨와는 이성異姓 혈족이었어요. 자식이 없던 성씨 부인이 한씨를 어릴 적부터 딸처럼 어여삐 여기며 옥이야 금이야 잘 대해주었고, 그 관계는 한씨가 왕비가 된 후에도 쭉 이어진 것 같습니다.

## 지엄한 왕후를 수양딸로 삼은 성씨 부인

성씨 부인은 자식이 없었던 터라 안순왕후를 너무나도 예뻐

했습니다. 그래서 자신의 시양녀侍養女로 삼아 노후를 봉양받으려 마음먹었고 그 대가로 자신의 전 재산을 왕후에게 주었습니다. 왕비를 양녀로 삼는 것이 조선 전기에는 가능했네요! 여기서 우리는 조선 전기 사회의 자유로운 풍습을 엿볼 수 있습니다. 왕후는 재산을 바란 것은 아니었지만, 어린 시절 애틋한 정을 생각해 부인을 지극정성으로 모셨습니다. 호사를 누린 성씨 부인은 편히 눈을 감았습니다. 그녀가 죽자 재산이 안순왕후에게 고스란히 상속된 것은 당연지사입니다.

그런데 여기서 문제가 발생합니다. 오정의 서자이자 성씨 부인의 법적 자식인 오계손이 말썽을 일으킨 것이죠. 부인의 노비 90명은 왕후에게 돌아갈 재산이 아니라며 딴지를 걸어버립니다. 성씨 부인은 오씨 집안의 며느리였으므로 상속 재산도 오씨 가문으로 넘겨야 한다는 주장이었습니다. 그럼 이 소송의 결말은 어떻게 되었을까요? 당연한 결과겠지만 왕대비 한씨가 승소합니다. 그 사실은 《조선왕조실록》에 자세히 실려 있어요!

왕대비안순왕후 한씨가 승정원에 명령하기를 "죽은 오정의 아내 성씨는 내 친척이며 내가 옆에서 그녀를 봉양하였으므로, 부인께서 노비 90구□를 나에게 주었다. 지금 오정의 서자인 오계손의 소장에 내가 언급되었으니, (노비를) 상속한 문서를 불살라 오계손 등에게 원망하는 말이 없게 하고자 한다" 하고선 문서를 내어 보였다.

원상院相 정창손鄭昌孫이 아뢰기를 "무릇 노비는 본족本族, 혈족 외에 다른 사람에게 줄 수 없는 것이 나라의 법입니다. 오정의 노비라면 그 아들인 오계손 등이 얻어야 마땅하나, 성씨 부인의 노비로 말하면 그 주인성씨 부인의 처분유언에 따라야 합니다" 했다.

왕대비가 또 명령하기를 "오계손 등이 하는 짓을 보니 매우 어리석다. 불러와서 타이른 뒤 (노비) 상속 문서를 불사르도록 하라" 하매, 도승지 이숭원李崇元 등이 아뢰기를 "오계손이 무지하다고는 하나, 지존至尊, 왕대비을 가리켜 이러쿵저러쿵 말하였으므로 무례가 막심하니 법부에 명령을 내려 국문하게 하소서" 하니, 임금성종이 명령하기를 "오계손 형제는 어리석은 사람이다. 대비께서 단지 타이르게 하셨으니 국문할 수 없다" 하였다.

_____《성종실록》43권, 성종 5년 6월 24일 정축 2번째 기사


실록을 보면 알 수 있듯이 왕후라서 이긴 것은 아니었습니다. 애초부터 합법적인 상속이라 승소한 것이죠. 조선 전기만 해도 조선 여성들은 자신의 재산은 자신이 직접 관리했고, 처분도 마음대로 할 수 있었습니다. 자식이 없다면 외가든 친가든 상관않고 피가 섞인 혈족을 수양 자녀로 삼아 봉양을 받았습니다. 그 대가로 자기 재산을 넘겨주던 것이 《경국대전》의 법 조항이었고요. 오정의 서자 오계손은 성씨 부인과는 어머니와 아들 관계이지만 혈연적으로는 아무런 맺음이 없었습니다. 법적으로 보면

재산을 상속받을 수 없는 무관계인일 뿐이었고, 그래서 양녀였
던 왕후에게로 상속이 가능했던 것입니다.

　이제까지 안순왕후 한씨의 숨겨진 이야기를 들여다보았습
니다. 놀라운 점이 있다면 감히 신하가 왕실을 상대로 소송을 걸
수 있었다는 사실입니다. 사유재산을 향한 인간의 욕망이 얼마
나 강렬했는지 드러난다는 점에서 참으로 흥미롭지 않으신가
요? 저는 이런 부분이 정말 재미있습니다.

# 04

## 임진왜란 때 나라를 구한
## 천하장사 내시가 있었다?

: 울릉군 임우 이야기

드라마 〈왕과 나〉에서 내관 조치겸전광렬은 무소불위의 권력을 휘두릅니다. 우리 고정관념으로는 힘없는 내시들이 임금을 따라다니며 쉰 목소리로 "네, 네"라고 할 것만 같은데요. 조치겸은 이런 우리의 상상력을 뛰어넘어 버립니다. 임금을 독살할 정도로 막강한 권력을 갖고 자기 정치를 하는 인물이기 때문이죠.

　과연 조선의 내시들은 드라마의 조치겸처럼 막강한 힘을 가졌을까요? 결론적으로 말씀드리면, 반은 맞고 반은 틀린 이야기입니다. 권력의 문고리를 자처한 내시가 아무런 힘이 없다면 말이 안 될 겁니다. 그렇다고 해서 문치주의를 금석같이 여기던 조선 시대에 내시 무리가 마음대로 권세를 휘두른 것도 말이 되지 않을 겁니다.

이제 그 의문을 해소하기 위해서라도 내시의 세계부터 살펴봅시다. 그들은 원래 왕실 가족의 살림을 맡은 자들입니다. 위세를 부리기에 충분한 지근거리 역할로 보입니다. 이런 임무는 직책에서도 확인됩니다. 내시부의 수장인 상선尚膳은 본래 임금의 수라상을 감독하는 일을 했고, 상온尚醞은 임금의 술 시중을 담당했습니다. 상다尚茶는 차를 내놓는 일을 했고, 상약尚藥은 내의원과 연계하여 의약醫藥을 담당했으며, 상전尚傳은 대전 내관으로 어명을 승정원에 전달하는 역할을 했습니다. 이처럼 왕과 왕비의 바로 옆에서 온갖 허드렛일을 담당한 사람이 '내관' '환관'으로 불리던 내시였습니다.

그들이 권력의 정점에 서기도 한 것은 역사적으로도 엄연히 증명되는 사실입니다. 연산군의 내시였던 김자원金子猿이 대표적이죠. 연산군은 왕권 강화책으로 내시부에 힘을 실어주어 조정 사대부를 견제토록 했습니다. 밀명을 받은 김자원은 연산의 뜻대로 피의 정쟁을 일으켜 김일손金馹孫 일파를 몰아내는 데 큰 공을 세웠습니다.

## 상감마마의 손과 발, 조선의 내시

___

내시 본연의 임무는 왕가의 자잘한 일을 도맡는 것이었지만, 왕을 위험으로부터 보호하는 일에도 신경 써야만 했습니다. 그래서 내시는 왕의 비밀을 발설하지 않도록 고문을 이겨내는 훈련도 받아야 했죠. 왕을 업고 도망칠 수 있을 정도의 체력까지 쌓아놓아야만 했습니다. 광해군은 인조반정이 일어났을 때 궁궐의 비밀 통로를 통해 민가로 탈출했는데요. 이런 은밀한 탈주가 가능했던 이유는 어명을 전달하는 승전내시가 광해군을 등에 업고 도망쳤기 때문입니다. 유사시에 안전가옥으로 국왕을 대피시키는 '보안 매뉴얼'이 그들 사이에 존재했음은 분명해 보입니다.

이처럼 권력의 지근거리에 있던 내시였지만 그들의 힘은 제한적일 수밖에 없습니다. 조선왕조가 내시의 정치 참여를 인정하지 않았기 때문입니다. 중국 환관과의 차이가 바로 여기에 있습니다. 중국은 사찰과 형옥을 담당하게 하여 환관의 정치 참여를 암묵적으로 인정했지만, 조선에서는 이를 금했습니다. 어디까지나 임금의 의중에 따라 내시의 존재감이 커지기도, 작아지기도 했습니다. 조선의 14대 왕 선조는 왜란에서 자신을 시종한 내시와 마부 등에게 호성공신扈聖功臣의 칭호를 부여했는데요. 이는 전례가 드문 파격적인 일이었습니다. 사대부는 미천하기 짝이 없는 이들에게 공신 자격을 주는 데 반대했지만, 어명을 거스를 수는 없는 노릇이었습니다.

## 선조의 남자, 왜적을 소탕한 내시 임우

임진왜란 당시 전쟁터에 내려와 왜적과 싸웠던 임우林祐, 1562~?는 선조의 승전내시로, 용력勇力이 대단했던 장사였습니다. 묘지명에 왜군 수천 명의 목을 베었다고 기록되어 있을 만큼 검술도 능했고요. 그는 원래 울진 임씨의 평범한 가문에서 태어났지만, 알 수 없는 사고를 당해 궁궐로 들어온 것 같습니다. 무예를 숭상했던 임우는 문약해져가던 나라의 세태를 걱정하고 있었습니다. 아니나 다를까 왜란이 터지고 방어선이 무너지면서 몇 안 되는 신하들과 함께 선조를 의주로 피난시켰습니다. 자신의 가족도 임금 곁에 꼭 붙들어 놓고선 말이죠.

우왕좌왕하던 피난길에 임금의 거처인 행재소를 무리 없이 마련할 수 있었던 것도 임우의 공로였습니다. 먹을 것이 없어 고민하던 때에 식량을 마련한 것도 그의 공이었습니다. 이렇게 왕을 정성껏 모신 임우는 전란이 어느 정도 진정되던 1597년 자진하여 전쟁터로 달려갔습니다. 처음에는 서애西厓 유성룡柳成龍의 진영에 있었지만, 다시 남쪽으로 말고삐를 내달려 경상좌도 방어사防禦使로 있던 곽재우郭再祐 진영에 합류합니다. 임우는 여기서 왜군 수천의 목을 벨 정도로 혁혁한 전공을 세웠다고 하네요. 전공은 그의 묘지명에서도 확인됩니다.

> 나라 사람들 모두가 왜인들이 신의를 저버리고 남의 나라에 쳐들어온 일을 마음 아파하니, 공임우은 스스로 전쟁터에 나아가 검을 잡고 남쪽으로 내려가서 적의 목을 벤 것이 몇천 명인지 알 수 없다. 번방2)에 황제의 위엄을 떨쳤고, 다시 종묘사직을 회복하게 되었다⋯⋯.
>
> ___ 호성공신 종1품 숭록대부 울릉군蔚陵君 임우 묘지명

남성성을 거세한 내시의 힘이 대단했다는 점이 의아하겠지만, 중국 역사에서도 임우와 같이 씩씩한 힘을 뿜낸 환관이 여럿 있었습니다. 당 현종玄宗의 환관이었던 고력사高力士는 6척 5촌의 거구이자 힘센 장사로 유명했습니다. 부견苻堅의 휘하 장수였던 장호도 남근이 거세된 자였으나 전쟁터에서 맹장으로 이름을 날렸습니다. 동료인 등강과 함께 만부부당萬夫不當으로 불렸다지요.

천하장사였던 임우는 선조를 비롯해 광해군, 인조까지 세명의 국왕을 섬겼습니다. 이괄의 난이 일어났을 때도 인조를 공

---

2) 藩邦. 중국의 제후국 조선을 뜻한다.

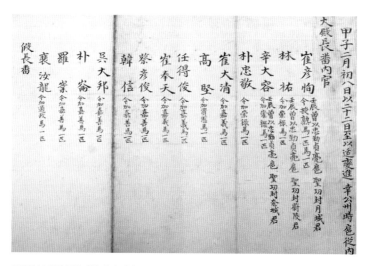

**이괄의 난 당시 공을 세운 내관 명단**
1624년(인조 2)에 발생한 이괄의 난 당시 공을 세운 내관의 명단을 기록한 문서. 임우는 종1품 숭록대부의 품계에 올라 말 한 필을 하사 받았다. 개인 소장(필자 촬영본)

주까지 안전하게 보필한 공로로 종1품 숭록대부의 품계와 말 한 필을 하사 받았지요. 내시로서 가장 높이 올라갈 수 있는 종1품까지 이르렀으니, 그의 영광은 극에 달한 셈입니다.

## 푸른 연기처럼 사라진 내시 집안

어쨌거나 조선이란 나라는 유교 윤리가 지배한 사회였습니다. 남녀가 혼인하여 가정을 꾸리고 자식을 기르는 것이 나라의

엘리자베스 키스가 그린 〈조선의 내시〉
Old Korea: The Land of Morning Calm

법도였고, 내시도 예외일 수 없었습니다. 내시는 생산능력이 없었으므로 가까운 인척이나 고자 아이를 입양해 자식으로 길렀습니다. 유력 내시 집안의 경우에는 양자를 궁으로 불러들여 대대로 내시로 만들어 가문을 잇기도 했습니다. 내시 가문을 이어나가는 게 아니라면 그저 재산만 물려주고 자신의 제사만 지내도록 했고요.

몇몇 내시 집안은 막대한 재산을 불리고 지역 유지로 군림하며 가문을 이어왔습니다. 내시 가문은 주로 '관동파'와 '자하동파'로 양분되는데, 관동파는 지금의 서울 창동에 세거했고, 자하동파는 경기도 양주에 자리 잡았다고 합니다. 어느 내시 가문은 구한말까지 수만 평의 토지를 소유하고 만석꾼으로 떵떵거리며 살았다는 이야기도 전해옵니다.

1910년 대한제국이 막을 내리자 이들 역시 명맥을 잇지 못했습니다.3) 왕이 사라지자 내시 제도도 필요 없어졌기 때문입니다. 일제강점기에는 주위의 시선도 긍정적이지 못했고, 내시 집 안이라며 손가락질하는 사람도 많았습니다. 남성을 잃어버린 선조先祖에 대한 부끄러움과 성씨가 달라 혈연관계가 끈끈하지 못했던 후손의 무관심으로 인해 그들의 존재는 우리 역사에서 점점 사라졌던 것입니다.

---

3]   공식적으로는 1894년 갑오개혁으로 내시부가 폐지되었지만, 이후에도 궁내부(宮內府)에서는 내시 업무가 계속되었다.

# 05

# 조선판 SKY캐슬이
# 있었다?

: 양반 사대부와《영문록》이야기

조선 시대의 시험은 입신양명을 위한 절대적 수단이었습니다. 진사나 생원을 뽑던 시험인 소과에 합격하면 '소성小成. 작은 성공', 관료를 뽑던 대과에 합격하면 '대성大成. 큰 성공'이라며 치켜세웠습니다. 합격은 커다란 사회적 성취, 그 자체입니다. 5,000원권의 주인공 율곡 이이는 조선판 입시전쟁의 커다란 수혜자였는데요. 시험에 아홉 번 수석으로 합격한 경력 때문인지 이름을 크게 떨쳤습니다. 명성은 계속 이어져 오늘날 화폐 도안으로까지 자리매김하고 있습니다. 조선 선비들이 율곡을 존경했던 이유는 다른 게 없습니다. 누구도 따라올 수 없는 불세출의 시험 천재였기 때문입니다.

　율곡과 달리, 선비 대부분은 시험에 합격도 하지 못한 채 늙어 죽는 것이 다반사였어요. 조선 시대에는 진사, 생원을 3년에 한 번씩 각각 200명까지 뽑았는데, 합격자는 한 읍에서만 10년에 한 명 나올까 말까 할 정도였으니까요. 서울과 같은 큰 고을에서만 다수의 합격자를 배출했습니다. 강원도 산골 강릉에서 태어나 아홉 번이나 장원한 율곡 선생이 존경을 받을 수밖에 없는 대목입니다. 이렇게 어려운 시험에 합격한 사람이 있다면 마을이나 가족 간에 축하잔치가 없을 리 없겠죠?

**청출신신례**
김준근(金俊根)의 풍속화 〈청출신신례(請出身新禮)〉. 새로 출사한 관리가 선배들에게 신례(신고식)를 청하는 장면으로, 조선 시대의 신입 관리들은 먼저 출사한 선배 관리들에게 인사를 올려야만 했다. 미국 스미소니언박물관

## 그들만의 잔치, 《영문록》의 등장

———

과거 급제자를 축하하기 위한 잔치 이름을 '방방연放榜宴' 또는 '도문연到門宴'이라고 불렀습니다. 잔치에 참석한 사람들은 나중에 이름을 기록하여 한 권의 책으로 만들었는데, 이를 《영문록榮問錄》이라고 합니다. 합격 축하를 위해 꾸역꾸역 몰려든 사람들은 합격자의 친척과 선배 관료였어요. 친척들은 진즉에 얼굴을 알고 있었지만, 선배 관료들은 그렇지 않았기에 얼굴이나마 익히기 위해 방문했을 겁니다.

여기서 재미있는 역사적 사실 하나를 말씀드릴게요. 이 《영문록》이라는 것이 조선 후기에 뜬금없이 등장한 기록물이라는 점입니다. 《영문록》이 갑자기 출현한 이유는 무엇일까요? 조선 시대에는 인맥이 무척 중요했습니다. 《영문록》도 인맥 관리를 위한 문화적 제도의 편린인 셈이죠. 조선 시대의 인맥 역시 오늘날과 비슷해요. 사회적 관계인 직장 동료와 혈연관계인 가족으로 나뉩니다.

《영문록》이 출현하기 이전인 조선 전기로 돌아가 봅시다. 이 시절에는 직장에서 맺은 인연을 간직하기 위해 족자 형식의 기념품을 만들었는데, 바로 〈계회도契會圖〉였습니다. 〈계회도〉는 한국사능력시험에도 자주 출제되는 조선 시대의 간판 유물이기도 합니다.

사간원司諫院에서 근무하는 사람들끼리 돈독한 관계를 잊지 말자며 만든 것이 〈미원계회도薇院契會圖〉로, '미원'은 사간원의 별칭입니다. 사헌부司憲府에서 근무하는 사람들끼리 끈끈한 관계를 잊지 말자며 만든 것은 〈총마계회도驄馬契會圖〉였는데요. 여기서 '총마'는 사헌부의 별칭입니다. 의금부義禁府에서 근무하던 금부도사들이 자신들의 결속을 위해 만든 것은 〈금오계회도金吾契會圖〉로, '금오'는 의금부의 별칭이고요. 조선은 엘리트 계층이 다

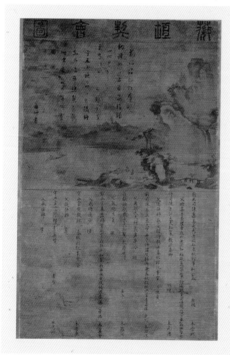

**미원계회도**
사간원 관리들의 모임을 그린 조선 초기 작품(보물 868호). 산과 언덕을 오른편에 몰아 배치한 구도, 짧은 선과 점으로 묘사한 산, 언덕 위의 쌍송(雙松) 등은 조선 초기에 유행한 안견파(安堅派) 화풍을 보여준다. 퇴계(退溪) 이황(李滉)의 이름도 보이는데, 퇴계는 전임(前任) 사간원 정언(正言) 자격으로 이 모임에 참석했다. 국립중앙박물관

스리던 나라였기 때문에 동류의식을 확인하는 것이 무척 중요했어요.


## 인맥을 세습하던 그놈의 《영문록》

────

《영문록》은 〈계회도〉처럼 인맥을 형성하고 관리하기 위해 만든 기록물입니다. 〈계회도〉는 제작비가 너무 비싼지라 조선 후기부터 차츰 사라졌고, 그 대체물인 《영문록》이 등장하기 시작한 것입니다. 이런 성격은 《영문록》에 기록된 내용을 보면 확인할 수 있습니다.

조선 말기 규장각 직각直閣을 역임한 이의국李義國, 1867~1935은 앞서 말씀드린 《영문록》을 남겨두었습니다. 여기에는 직장 동료와 친척의 이름이 적혀 있고요. 이의국은 남인이었고, 연원부원군延原府院君 이광정李光庭의 종손이기도 했습니다. 명문가의 자손인 셈이죠. 아버지 이봉영李鳳寧은 과거에는 급제하지 못했지만 조상의 음덕으로 벼슬길에 나갔습니다. 오랫동안 벼슬살이를 한 이봉영은 알고 지낸 고관이 많았고, 아들이 문과에 급제하자 자신이 만들어놓은 인맥을 물려주고 싶었습니다. 방방연을 통해 많은 고관이 이들 부자의 집을 오고 갔는데, 그들의 이름은 《영문록》에 상세히 기록되었습니다. 이의국은 고종을 가

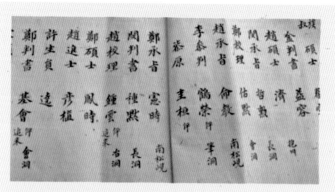

**이의국의 《영문록》**
판서 김익용, 승지 민철훈, 승지 조명교, 참판 이학영, 판서 민종묵 등 조선 말기 고관의 이름이 빼곡하다. 개인 소장(필자 촬영본)

까이에서 보필하는 승정원 주서注書로 벼슬을 시작했고, 문벌 좋은 가문의 후손에게만 허락되었던 규장각 각신閣臣으로도 선발됩니다. 대한제국 시절에는 현재 청와대 비서관에 해당하는 비서원 승秘書院丞까지 오르고요. 아버지의 인맥을 적절히 활용하여 고위 관직으로 진출한 셈입니다.

이실직고하자면 《영문록》은 사대부 양반, 그들만의 기록입니다. 앞서 《영문록》을 남긴 이의국은 남인 출신이었지만, 그의 급제 잔치에는 남인의 정적이던 노론이나 소론 인사들 이름까지 보입니다. 당파를 초월해 이너서클inner circle을 공고히 하려던 양반 사대부의 민낯을 알 수 있네요. 사다리를 걷어차 없애고, 대를 이어 신분을 물려주던 기득권의 속내를 여실히 볼 수도 있고요.

사실 조선 중기만 하더라도 조선의 지배계급인 '사대부'라는 지위는 세습적인 성격이 아니었습니다. 아무리 좋은 집안에서 태어났어도 귀한 신분을 유지하려면 학교에 들어가 학생이 되어야 했습니다. 공부를 열심히 하고 과거에 급제해야만 사대부라는 자격을 계속 유지할 수 있었지요. 학업을 게을리하면 낙제하고 군대에 끌려가야 했습니다. 일반 병사가 되어 험하고 궂은 일을 도맡기도 했고요. 이런 사정을 대변이라도 하듯, 퇴계 이황은 아들 이준李寯이 공부를 못해 평민의 직역인 군역軍役에 충당되는 위기에 처하자 이를 걱정하는 편지글을 남기기도 했습니다. 이처럼 조선 중기까지는 사대부 집안이라도 공부를 하지 않으면 평민으로 강등될 수도 있었습니다.

## 최악의 군주를 탄생시킨 서인 정권의 치명적 실수

이런 신분제도의 흐름은 조선 후기 들어 서인 정권의 탄생으로 반전됩니다. 인조를 등극시키는 데 성공한 서인과 남인이 광해군을 내쫓고 연합정권을 탄생시켰는데요. 반정의 명분을 위해 서울 기생이 음주 가무를 익히던 교방敎坊, 즉 기생학교를 폐지해버렸습니다. 광해군이 기생과 음악을 좋아해서 폭군이 되었다는 것을 방방곡곡에 알리려는 의도였습니다. 서인은 광해군의 실책을 반복하지 않겠다며 백성 앞에서 약속했지만, 기득권을 달래기 위한 정책도 내놓았으니 바로 사족 충군充軍 정책의 폐지였습니다. '사족 충군 정책'이란 양반 후손이라도 시험을 보고 낙제하면 군역에 충당할 수 있는 제도입니다. 이때까지는 글을 읽지 못하는, 소위 무늬만 양반인 이들은 평민처럼 군대에 입대해야만 했거든요.

정묘호란을 앞둔 인조 5년(1627)에 발표된 이 정책은 조선 중기까지 유지되었던 '양천제良賤制'가 세습적 성격의 신분제인 '반상제班常制'로 전환되는 중요한 사건이었습니다. 이때부터 가문 좋은 양반 사대부 후손은 글을 읽지 않아도 지배계급의 딱지를 유지할 수 있었고, 그 딱지는 직계 가족인 아들, 손자까지 물려줄 수 있었습니다. 이뿐만이 아닙니다. 17세기부터는 신분 차별을 정당화하는 족보까지 간행됩니다.


## 영국 귀족을 닮은 조선 사대부

아시다시피 영국은 신분제도가 유지되는 사회입니다. 세습 귀족만이 영국의 상원 의원으로 선출될 수 있습니다. 조선 후기에도 영국처럼 세습 귀족이 출현하는데요. 16세기까지만 해도 양반 족보에는 평민도 수록되었고 적서嫡庶 구별도 없었습니다만, 17세기부터는 평민 자손을 족보에서 제외해버립니다. 적자와 서자도 구별하고요. 동성동본이지만 혈연관계가 애매하다고 생각되는 자손은 별보別譜라는 유사 족보를 만들어 이름을 따로 넣었습니다. 열등하고 가난한 혈족은 가족으로 여기지도 않은 셈이죠. 가족의 기획화, 신자유주의화가 진행된 것입니다. 이때부터 가족을 기획하여 순수한 양반 혈통의 족보만을 생산해내기 시작했어요.

귀족화된 조선의 사대부는 지방을 촌스럽다 여기고 낙향하지도 않았습니다. 서울 근처에만 몰려 살았고, 서울에 거주하는 사대부끼리만 혼인했습니다. 지금의 재벌과 같은 폐쇄적인 혼인관계였죠. 이들을 '경화세족京華世族, 서울 양반'이라고 불렀습니다. 마치 혈연으로 연결된 유럽 귀족 사회와 같은 새로운 양반 계층의 등장이었어요.

그들만의 계급 대물림은 여기서 그치지 않습니다. 고려와 조선 시대에는 대가제代加制라는 특별한 관제가 있었는데, 현직 관료가 자신의 품계를 떼어내어 친인척에게 나누어 주는 제도입니다. 특별한 행사가 있는 경우, 조정에서는 관료의 품계를 올려주었는데요. 관료들은 받은 품계를 모아두었다가 벼슬길에 나가지 못한 동생, 아들, 사위, 조카에게 나누어 주었습니다. 이를 대가代加라고 불렀습니다.

음서제蔭敍制와 더불어 상층 양반의 지위를 대대손손 물려주는 방편이었던 셈이죠. 재미있는 사실은, 대가제가 중국에서조차 찾아볼 수 없는 우리나라 고유의 제도라는 점입니다. 조선 후기 개혁을 외쳐대던 많은 실학자조차 대가제만은 비판하지 않았습니다. 실학자의 본체도 양반 사대부였기에 팔이 안으로 굽은 셈입니다. 그래서 대가제는 양반 사회를 유지하는 제도로써 한국사능력시험에 자주 출제되는 문제이기도 합니다. 어쨌든 대가제는 1890년대까지 양반 사대부의 지위를 공고하게 해주던 제도로 정착했고, 사족 충군 폐지와 함께 사대부 지위 세습에 중요한 수단이 되었습니다.


## 대한민국에도 남아 있는 세습제도

　사족 충군 정책이 폐지된 인조 이후부터 사대부라는 계급은 세습 가능한 특권 신분으로 돌변합니다. 이들은 국사 교과서에 등장하는 '벌열 계층' '문벌 계층'과 같은 용어입니다. 왕실과의 혼인으로 이너서클을 형성하고, 대가제를 통해 지배계급의 특권을 보장받기도 합니다. 수백 년 동안 서울에 눌러앉아 권력과 고급문화와 자본을 독점하고요. 이때부터 조선왕조의 부조리가 점차 드러나기 시작하죠.
　대한민국이 산업화를 거쳐 선진국 대열에 합류하기는 했지만, 서울을 중심으로 문화와 자본이 집중되면서 새로운 계급과 신분이 탄생하고 있습니다. 2019년 한국 사회를 강타한 드라마 〈SKY캐슬〉이 이러한 사정을 잘 말해줍니다. 부모와 자식 사이의 계급과 교육과 재산의 대물림 현상 말이에요. 21세기 신新경화세족이 출현한 셈입니다. 부유층은 그들만의 정보력을 동원해 자식을 상위권 대학에 진학시키고, 그들만의 신분 사다리를 차근차근 밟게 합니다. 그러고선 법관이나 의사로 만들어 부모의 계급을 세습하게 합니다. 조선 후기 인조 대에 나타난 세습 신분과 유사해 보이는군요. 이렇게 보니 역사는 돌고 도는 것 같습니다.

**서양 역사 돋아보기**

음악과 문학을 사랑하는 세련되고 지적인 이미지가 서양 귀족의 본모습이라고 생각하겠지만, 역사적으로 보자면 서양 귀족은 말 타고 칼을 휘두르면서 죽음을 두려워하지 않는 전사의 이미지에 더 가까웠다. 뒤마Alexandre Dumas, 1802~1870의 《삼총사》나 세르반테스 사아베드라Miguel de Cervantes Saavedra, 1547~1616의 《돈키호테Don Quixote》에 등장하는 말 탄 군인이 전형적인 모습이다. 재미있는 것은 서양 귀족의 기마 전사 흔적이 제1차세계대전까지 이어졌다는 사실이다.

당시 귀족계급은 전쟁터에 나갈 때는 스스로 말과 병장기를 마련했을 뿐 아니라 가장 호화로운 군복으로 자신을 치장했다. 그러나 1918년 1차대전이 끝나면서 말 탄 기사와 같은 귀족의 모습은 역사 속으로 사라진다. 그 이유는 전쟁 전술의 변화 때문이었다. 탱크와 기관총 같은 선진화된 병기가 구식 기마대를 압도했고, 귀족으로 구성되던 기병의 효용 가치는 완전히 사라졌다.

# 06

## 조선 시대에 능력을 인정받은 여자 선비가 있었다?

: 불행으로 삶을 마감한 김운 이야기

보수적인 조선 사회에서 학문적 성취를 인정받은 여성이 있었다면 여러분은 믿으시겠습니까? 남동생을 제치고 재능을 인정받아 아버지에게 학문을 이어받을 전수자로 자리매김했다면 이 또한 믿으시겠습니까? 지금으로부터 300여 년 전, 실제로 있었던 이야기입니다. 조선 후기 사상계를 지배한 노론 가문이자, 훗날 세도정치의 서막을 연 안동 김씨 집안에는 김운金雲. 1679~1700이라는 아리따운 처녀가 있었는데요. 아버지는 농암農巖 김창협金昌協. 1651~1708으로 당대의 큰 학자였습니다. 김창협은 1남 5녀를 두었는데, 셋째 딸 김운은 아버지의 재능을 이어받았는지 무척 똑똑했다고 합니다.

## 귀한 딸로 태어난 구르미

——

김훈의 역사소설 《남한산성》의 주인공 청음淸陰 김상헌金尚憲에게는 뛰어난 증손자가 많았습니다. 그중 한 명이 바로 김창협이었어요. 그는 문과에 장원급제했지만 벼슬에 욕심이 없어 평생 산림에 은거하며 학문에만 몰두했으니, 김운은 아버지의 영향을 받아 책 읽기를 무척 좋아한 게 분명합니다. 김창협은 산속에 몸을 숨긴 채 글을 읽으면서 김운을 얻었습니다. 그래서 딸의 이름을 '구르미雲'라고 붙였죠. 그 뒤에 얻은 아들 숭겸에게는 '산山'이라는 자字를 주어 '군산'이라고 불렀습니다.

이 시기 여성은 아무리 능력이 출중하더라도 학문을 할 수 없었습니다. 아이를 키우고, 남편 뒷바라지하는 것은 하늘이 내린 숙명이었습니다. 하지만 김창협은 생각이 남달랐습니다. 뭇 선비들과 달리 그릇도 컸고요. 딸 구르미가 학문에 열의를 보이자 남동생 김군산과 함께 글을 가르치기로 마음먹습니다.

## 구르미, 남동생을 제치고 학문을 인정받다

——

군산이가 아버지 옆에서 글을 읽으면 구르미가 먼저 그 뜻을 해석해버립니다. 한 치의 오차 없이 글의 뜻을 읽어 내려가

자 아버지 김창협의 눈이 둥그레집니다. 군산이를 왼쪽 무릎에 올리고 구르미는 오른쪽 무릎 위에 앉혀서 두 자식에게 《소학》과 《통감》을 가르쳤어요. 그다음엔 《논어》《맹자》《대학》《중용》을 가르쳤고요. 몇 년이 흘러 구르미와 산이의 학문은 일취월장했지만 아버지 김창협은 나날이 한숨이 깊어질 수밖에 없었습니다. 자신의 학문을 이어받을 사람은 아들 군산이가 아니라 딸 구르미였기 때문입니다.

조선 시대에는 시집간 딸은 문외지인門外之人이 되었습니다. 더 이상 우리 집안사람이 아니라는 뜻이에요. 구르미가 아들로 태어났더라면 큰 학자가 되어 아버지가 수립해놓은 학문을 물려받았을 겁니다. 그리고 더 큰 학문으로 승화해 집안을 빛낼 수 있었겠죠. 김창협은 이 사실이 못내 아쉬웠습니다. 그의 편지를 읽다 보면 아들 산이보다는 딸 구르미를 인정하는 장면이 행간 곳곳에서 드러납니다.

> 요즈음 《강목》을 계속해서 보고 있느냐? 방 안에 붙어 앉아 전심하여 책을 읽고, 네 누나김운와 강론하고 논평하도록 하여라. 그리고 들을 만한 훌륭한 인물의 좋은 일이 있거든 네 어머니에게 들려드려서, 병으로 인한 불편한 심기를 풀어드린다면 즐거운 일이 아니겠느냐?
>
> ——《농암집農巖集》 권11, 〈숭겸에게 보냄與崇謙〉

지방을 여행 중이던 김창협이 아들 산이에게 편지를 보냅니다. 요즘 공부는 잘되는지 확인차 보낸 것인데, 한 가지 당부도 잊지 않습니다. 누나인 구르미김운와 함께 그간에 행했던 공부를 복습하고 토론해보라는 말이죠. 구르미가 군산보다 학습능력이 더 뛰어났기에 누나에게 배우라는 의미가 분명합니다. 이처럼 구르미의 학문은 대학자인 아버지를 만족시킬 만큼 뛰어났습니다. 학문뿐만 아니라 글도 잘했고요. 김운이 지은 시문을 읽어보면 시상의 발상과 전환이 정말 뛰어났다는 사실을 알 수 있어요.

## 선원사를 지나면서

충성을 다한 마음이 사당 앞 나무들을 물들여
가을 서리 단풍은 잎잎마다 붉기만 하구나!

어느 가을날, 김운은 아버지와 함께 선원仙源 김상용金尙容이란 분의 사당을 지나가게 됩니다. 김상용은 김운의 집안 할아버지로, 병자호란 당시 강화도에서 순절한 충신입니다. 어린 김운은 사당 앞 단풍나무의 잎사귀가 붉게 물든 것을 보고, 할아버지의 충성스러운 마음이 단풍에 옮겨진 게 아닐까 생각했습니다. 정말 탁월한 시상 전개네요. 이때 느낌으로 지은 시가 바로 〈선원사를 지나면서〉였습니다.

## 김운의 유일한 욕망, 세상에 이름 남기기

────

　김운은 그릇이 컸던 아버지 밑에서 그야말로 이름처럼 자유분방하게 자랐습니다. 하늘을 떠가는 구름처럼 아버지를 따라 이곳저곳 꽃구경도 다니고, 시도 읊고 술도 마시며 아버지와 동생과 함께 학문을 토론했습니다. 그러다가 아버지에게 자신의 솔직한 심정을 고백해버리죠. 어느 날엔가 돌아가신 분의 묘지명을 짓는 아버지를 힐끔 본 김운은 빙그레 웃으며 갑자기 이런 말을 꺼냅니다.

　아버지, 여자는 남자와 달라서 세상에 이름을 날릴 방법과 기회가 적지요. 제가 아버지보다 먼저 죽어 아버지께서 써주신 묘비명을 얻을 수 있다면 이보다 더 나은 일은 없을 거예요…….

　김운은 조선에서 여성이 짊어진 숙명을 알고 있었습니다. 남성은 글을 배우면 관직에 올라 이름을 얻고 역사에 기록될 수 있지만, 여성은 아무리 학문이 뛰어나더라도 이름을 남길 방법과 도리가 없다는 것을 말이죠. 그래서 자신이 아버지보다 먼저 세상을 떠나면 유명하신 아버지의 글을 받아 이름 석 자라도 남기지 않겠느냐며 농담 아닌 농담을 건넸습니다. 세상에 이름을 남기는 것이 김운의 유일한 욕망이었지만, 여성으로서 사회적

성취는 좌절될 수밖에 없던 시절인지라 이토록 안타까운 감정을
토로할 수밖에 없었습니다.


## 욕망을 숨기고 평범한 삶을 꿈꾼 김운

열여섯 살이 되자 김운도 여느 양반집 규수처럼 시집을 가
게 됩니다. 김운은 집을 떠나기가 너무 싫어서 아버지에게 말을
꺼냈습니다.

아버지, 저의 희망은 시집을 가지 않고, 산속에 들어가 움막을 지
어놓고서 평생 책만 읽으며 사는 것이에요.

천민도 평민도 아닌 양반댁 규수가 조선 사회에서 홀로 살
수는 없는 법입니다. 아버지 김창협도 어린 자식의 굴레를 벗겨
줄 수는 없었습니다. 최대한 좋은 집안으로 시집보내는 것이 아
버지로서 마지막으로 해줄 수 있는 사랑이었죠. 김창협은 명안
공주明安公主의 남편이자 해창위海昌尉 오태주吳泰周의 동생인 오진주
吳晉周, 1680~?에게 딸을 시집보냅니다. 왕실과 가까운 집안이니 이
보다 이름 높은 집안은 없었을 터입니다. 사실 김창협은 딸을 시
집보내면서 예비사위의 됨됨이를 알아보려고 무진장 애를 썼습

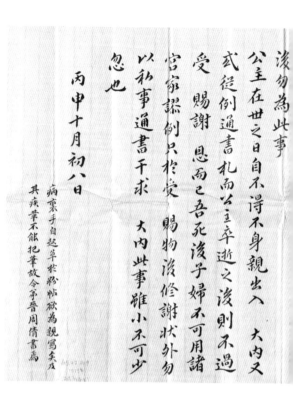

**오태주 유훈**
김운의 시숙이었던 해창위 오태주의 유훈. 수려한 해서체가 당시 조선 사대부의 고상한 기품을 보여준다. 국립중앙박물관

니다. 자신의 인맥을 총동원해 물어보고 또 물어본 다음에야 혼인을 결정했어요. 딸을 사랑하는 마음이 느껴지는 대목입니다. 다음 글은 김창협이 형 김창집金昌集을 대신해 쓴 김운의 혼서婚書입니다. 그러다 보니 이 혼서는 김창협이 아닌 김창집의 언어로 이루어져 있습니다.

여섯 해 동안 어버이를 잃은 슬픔 속에 이미 두 가문의 정이 두터운데, 한마디 말에 인척을 맺자고 하여 마침내 두 성씨의 결합을 이루게 되었습니다. 우리 가문을 돌아보면 여느 가문과 어깨를 나

교과서 밖 _____ 조선의 역사

# 遺訓

俗云 王子女當為不遷之主而吾意則不然 母用俗例祀止四代而後埋主

附身衣物公服外毋用紵緞

棺槨止于三度

勿求輓章於人

初喪勿用油蜜果忌祭則只用一器而勿為高排

造果時真末毋過五升

朝夕奠只用果實一楪

上食飯羹外毋過六七哭品

余厚蒙 國恩未有一分報效今遠至斯葵祭

何敢用大夫禮乎至於禮葵雖不能辟避但喻

月而葵以表平日之志

勿用小方床以士夫家所用竹格用之

毋拘葵地向背日月有忌必以踰月而葵之

勿為返魂俟過平哭勿倫儀物只以香亭子載主

喪人着方笠隨後

勿立神道碑

勿情謚

世人信從卜之言好為移避命乃在天誠厄運

将至則豈可以區區移避所能免犹吾甚苦之

為余子孫者謹遵此意

란히 할 정도가 아닌데도, 귀 가문에서 도외시하지 않으시니 감사드립니다. 삼가 들으니, 당신오태주의 아우오진주는 돌아가신 그대 부친의 가르침을 받아 일찍이 남들이 사위로 삼고 싶어 할 만한 훌륭한 행실이 드러났고, 예법에 아내를 맞이해야 하기에 덕 있는 배필을 구한다고 하였습니다.

그러나 제 아우 창협의 딸김운은 타고난 품성이 매우 평범하여 규방의 규수 자질에 부끄러운 점이 있고, 가정에서의 교훈을 변변히 받지 못하여 여인네의 덕을 닦았다고 기대하기 어렵습니다. 그런데 이처럼 보잘것없는 사람을 잘못 알고 폐백을 보내주시니, 훌륭한 사위를 얻게 된 것이 매우 기쁘고 한미한 가문에 실로 영광입니다. 양을 잡아매고 찾아가 즐거움을 한껏 누린 옛사람의 의리를 감히 잊을 리가 있겠습니까. 오직 제 정성을 다 드러내지 못하는 것이 유감일 뿐입니다.

———— 큰형님을 대신하여 답해 보낸 〈오씨 가문에 시집간 딸의 혼서〉[4]


김창협은 자신의 딸에 대해 반은 겸손하게, 반은 사실적으로 이야기합니다. 자신을 닮아 똑똑하지만, 똑똑함을 오씨 집안에 드러내기엔 민망한 일이므로 일부러 평범함을 강조하는데요. 그 대신 딸에 대한 솔직함도 토로하고 있습니다. 길쌈하고 음식 만드는 법 대신에 글공부만 시켜 부도婦道를 잘 닦지는 못했다는 말입니다. 딸을 시집보내는 아버지는 죄인일 수밖에 없는 모양입니다.

구르미 김운은 정든 집을 떠나 시집이 있는 북촌 경행방으로 떠나게 됩니다. 다행히도 남편 오진주는 아내의 학문을 인정해주는 다정한 인물이었습니다. 이런 사실은 김창협의 제자이자 오진주의 친구인 어유봉魚有鳳의 회고에서도 확인할 수 있습니다.

---

4) 1694년(숙종 20) 김운의 큰아버지 김창집이 오진주의 형 오태주 앞으로 보낸 혼서로, 실제로는 김창협이 썼다. 오진주의 본관은 해주(海州), 자는 명중(明仲)이다.

**김창집 초상**
김운의 큰아버지 김창집의 초상화.
김창집은 영의정을 지낸 고관이었
다. 그래서 김창협이 형 김창집의 이
름으로 혼서를 보냈던 것으로 추정
된다. 충주박물관

내 친구 오명중오진주에게 현명한 부인이 있는데, 바로 김씨 부인김
운이다. 농암 김창협 선생님의 셋째 따님으로 외모가 맑고 단아하
였으며, 재주와 학식이 뛰어나 선비의 풍모가 있었다. 선생님께서
는 따님인 김씨 부인을 가장 돈독하게 사랑하였고, 명중 역시 김
씨 부인을 중하게 여겼다.

_____《기원집杞園集》권28, 〈애사哀辭〉

하지만 여기까지였습니다. 남편인 오진주가 인정해준다고
하더라도 김운은 오씨 집안의 며느리일 수밖에 없었어요. 남자
처럼 글재주를 펼치는 건 불가능했습니다. 길쌈하고 바느질하
며 집안의 대소사를 챙겨야만 했죠. 일이 고될 수 있었지만 김운
은 현명한 여자였습니다. 자신의 재주를 시집에 드러내지 않았
던 겁니다. 평범한 조선 여성처럼 공부하는 남편을 뒷바라지하
고, 집안의 종을 다스리며, 시부모를 효성으로 모셨습니다. 김운
의 모습을 옆에서 본 어유봉은 탄식합니다.

아무 소리 없이 정밀하게 스스로 지켜나가는 것이 마치 어리석은
부인의 모습과 같았다.

어유봉은 김운과 함께 김창협의 문하에서 공부한 동문이라
김운의 자질을 누구보다 잘 알고 있었습니다. 그는 김운을 회고

하면서 이 같은 찬사를 보내기까지 했습니다.

문장으로 후세에 드러낸다면 우리 무리 가운데서 가장 뛰어날 것이다.

하지만 그녀 스스로 여자로 태어난 것을 한스럽게 생각한 나머지 재능을 감출 수밖에 없었어요. 지금으로 치자면 김운은 공부를 많이 해서 박사 학위까지 딴 여성입니다. 그런데 세상에 나가 능력을 발휘하지 못하고 시집에 틀어박혀 자존감을 죽이고 살아야 했으니, 어유봉의 탄식처럼 한숨이 절로 날 수밖에 없네요.

## 불행의 시작, 오씨 집안으로 시집가다

———

여자로 태어나 이름을 세상에 드러낼 수 없다면 자연에 파묻혀 살기로 김운은 작정합니다. 남편과 함께 마음공부를 하면서 말이죠. 김운이 꿈꾸던 삶은 고생스럽지만 부부가 함께 노력하며 자연의 결실을 일구는 농부의 그것이었습니다. 무명치마를 입고 직접 물동이를 지며 물을 긷는 삶 말입니다. 오진주도 아내의 생각에 흔쾌히 동의했습니다. 그래서 오진주가 과거에 떨어지더라도 김운은 합격에 연연하지 않았습니다. 남편이 시험에 합격해 높은 벼슬로 이름을 날리기보다 문장과 학식으로 명성을 떨치길 바랐거든요. 김운의 생각은 당시 출세의식과는 정반대되는 것이었습니다.

조선의 여인들은 남편이 과거에 급제하기를 매우 기대하고 바랐습니다. 그래야만 본인도 임금으로부터 내명부 품계를 받을 수 있었기 때문이죠. 남편의 출세가 곧 나의 출세인 셈입니다. 김운은 그러한 욕망을 돌같이 여긴 채 평범한 삶을 즐기려고 했으니, 이 모두가 글공부를 하며 체득한 학문의 힘이었을 겁니다.

불행히도 김운의 결혼 생활은 그리 오래가지 못했습니다. 아들을 낳다가 산후병으로 돌연 세상을 뜬 것입니다. 초산이라 모든 것이 어려웠나 봅니다. 김운의 죽음을 가장 애통해했던 사람은 남편도 동생도 아닌 아버지 김창협이었습니다. 몸의 반쪽이 없어진 것 같다고 표현할 정도였죠. 김창협의 마음을 아프게 한 건 이뿐만이 아닙니다. 아버지보다 일찍 죽어야겠다는 딸의 말이 현실이 되었기 때문입니다. 김창협은 세상에 이름을 남기고 싶다던 딸의 소원을 들어주기로 결심하고, 제자인 어유봉을 불러 운이의 〈애사〉를 지어달라고 부탁했어요. 그래서 김운의 삶이 수백 년이 지나도 남을 수 있게 되었습니다.

김운이 세상에 남긴 유일한 혈육인 오원吳瑗, 1700~1740은 어머니를 닮아서인지 무척 똑똑했습니다. 김운이 남자로 태어났다면 그 사람은 바로 아들 오원이라 할 정도로 외모와 재주가 비슷했다고 합니다. 오원은 열다섯 살이란 어린 나이로 진사시에 합격했습니다. 대과에도 장원급제해 세상 사람들을 놀라게 했고, 문장으로도 이름을 날렸어요. 하지만 하늘은 사람에게 모든 걸 내려주지 않는 법인지, 그의 인생은 무척 박복했습니다. 태어난 지 이레 만에 어머니 김운을 잃었고, 다섯 살이 지나서는 자신을 키워준 할머니까지 세상을 떠났기 때문입니다. 그뿐만 아니라 결혼한 지 4년 만에 첫 아내를 병으로 잃었습니다. 오원은 이 모두가 자신이 쌓은 재앙 때문이 아니겠느냐며 통분했습니다.

만일 김운이 소원했던 것처럼 시집을 가지 않고 아버지 옆에서 평생 글을 읽었더라면 그녀의 인생은 어땠을까요? 아니, 지금 시대에 태어났더라면 어땠을까요? 분명 평생 원했던 일생일대의 목표인 '세상에 이름 남기기'가 더욱 수월했을 것이라 짐작해봅니다. 이런 점에서 김운의 일생이 정말 아쉬울 따름입니다.

**서양 역사 들여다보기**

여자 선비 김운이 태어난 1679년, 서양에서는 어떤 일이 벌어졌을까? 이때 영국에서는 계몽주의자 토머스 홉스Thomas Hobbes, 1588~1679가 세상을 떠났다. 홉스는 민주주의의 뼈대가 되는 '사회계약론'을 창시한 인물로 유명하지만, 죽을 때까지 민주주의가 아닌 절대군주정을 열렬히 옹호했다. 그가 원하던 사회는 종교 권력에서 분리된 왕정이었을 뿐 군주제와 결별한 민주적 공화정이 아니었기 때문이다. 군주정은 대체로 결단의 일관성이 있고 의견이 분열되지 않아 백성의 평화와 안전을 지키는 데 가장 효율적인 정치 체제라고 생각한 것이다.

# 07

## 중국과 일본을 사로잡은
## 조선의 의학서가 있었다?

: 동아시아의 보물 《동의보감》 이야기

21세기 대한민국은 의료 강국입니다. 그래서인지 의사는 법관과 함께 촉망받는 직종으로 인식되고 있습니다. 생명을 다루는 의사는 고금을 막론하고 위상이 남달랐는데, 조선 시대도 마찬가지였습니다. 조선에서는 의약을 다루던 의원의 지위가 열악했다고 생각들 하지만, 사실이 아닙니다. 조선 시대 의원 중에는 지배계급인 양반 사대부도 꽤나 있었거든요. 이들을 일컬어 유의儒醫, 즉 '유학과 의학을 겸비한 사람'이라고 불렀습니다.

## 의외로 높은 대우를 받았던 조선의 의사

　의술을 연마한 유의들은 틈틈이 《동의보감東醫寶鑑》과 같은 의학 서적을 탐독했어요. 부모가 병이 났을 때 스스로 부모의 병세를 살펴보고 처방을 만들어 약방에 가서 약재를 구해 오곤 했습니다. 조선은 효를 근본으로 한 사회였기 때문에 부모의 건강을 챙겨야 하는 양반 사대부는 의약에 정통해야만 했습니다.

　의술을 직업으로 삼은 중인 출신 의관 역시 높은 대우를 받았습니다. 의관은 역관과 더불어 중인 사회에서 가장 출세하기 좋은 직종이었죠. 의관 집합소인 내의원은 궐내각사關內各司라고 해서 임금님이 계시는 궁궐 안에 있을 정도였습니다. 궁 안에 있던 규장각, 홍문관, 승정원 등은 승진이 빠른 청요직淸要職의 관청이었는데요. 내의원 역시 중인 사회에서는 승진하기 좋은 청요직이었다고 하니, 그만큼 의관의 대우가 좋았다는 방증이겠죠. 그뿐만 아니라

**퇴계 이황 초상**
퇴계 이황은 《활인심방(活人心方)》이라는 의학서를 저술할 만큼 뛰어난 의학자이기도 했다. 공유저작물

이름 있는 의원을 모시기 위해서는 반드시 가마나 말을 빌려 정중히 모셔 와야 했습니다. 이런 대우를 받지 못하면 진료를 거부할 정도였어요.


## 푸닥거리가 일상이던 조선 전기와 중기 의료법

조선 중기만 해도 민간에서 약재를 구하는 것은 상당히 힘들었습니다. 시골에도 의원이 몇 명씩 있어서 일반 백성도 처방전을 얻어올 수 있었지만, 가장 어려운 일은 처방에 맞는 약재를 구해오는 것이었어요. 오직 관청에서만 약재 조달이 가능했습니다. 조선 시대에는 관청마다 약방을 두었고 의원이 상주했습니다. 약재도 풍부했고요. 지금으로 치면 치료를 담당하는 의무실이 관청마다 딸려 있던 셈이죠.

이런 현실 속에서 관청과 끈이 없는 민간인은 그들만의 방편을 만들어내야만 했습니다. 그것은 '사약계私藥契'라는 계를 만들어 약재를 조달하는 것이었지요. 여기서 '사약'이란 마시면 죽는 사약이 아니라 '개인적으로 약을 마련한다'는 뜻이에요. 사약계에 소속된 사람들은 돈을 각출해 계를 만들고, 집안에 병자가 있을 때마다 담당 관리에게 뇌물을 주어 약재를 구했습니다. 이처럼 사약계를 만들 수 있던 사람들마저 부유한 평민이었기에,

가난한 백성은 의약으로 치료를 받는 게 무척 어려웠습니다.

극빈층의 치료 방법은 현대인의 사고로는 이해할 수 없는 것이었습니다. 점을 치는 맹인을 불러와 독경을 외우도록 하거나, 무당을 불러 푸닥거리를 하거나, 중을 불러 불경을 외우게 한 것이죠. 이런 미신 행위로 치료를 받던 백성에게 한 줄기 빛이 찾아옵니다. 미신이 아닌 의약을 통해 합리적인 치료를 받을 수 있는 시대가 펼쳐진 것인데요. 바로《동의보감》의 출현입니다.


## 《동의보감》, 의약계의 패러다임을 바꾸다

―――――

《동의보감》은 1596년 선조가 어명을 내려 만들기 시작한 의학 서적입니다. 이때는 임진왜란 직후라 전쟁으로 다친 사람도 많았고 전염병도 만연했습니다. 의원과 약재가 부족한 현실에서 글을 아는 사람이라면 손쉽게 의약을 다룰 수 있도록 백과사전 형식으로 만든 책이《동의보감》입니다. 이 같은 간행 목적은 허준許浚, 1539~1615의《동의보감》서문에서도 알 수 있습니다.

(선조 임금께서) 병신년1596에 태의太醫 허준을 불러 하교하셨다.

"요즘 중국의 여러 의학 서적을 보니 모두 베껴 모은 것이라 자질구레해 볼만한 것이 없었다. 그대가 여러 학자의 의술을 두루 모

아 하나의 책을 편집하도록 하라. 사람의 질병은 모두 조섭調攝, 조
리을 잘하지 못한 데에서 생기니, 섭생[5]이 먼저이고 약석[6]은 그
다음이다. 여러 전문가의 의술은 매우 넓고 번거로우니, 아무쪼록
긴요한 부분을 가려 모으라. 외진 시골에는 의약이 없어 요절하는
사람이 많다. 우리나라에는 고유의 약재가 많이 생산되는데도 사
람들이 알지 못하고 있으니, 그대는 약초를 분류하면서 우리말 이
름을 함께 적어 백성이 쉽게 알 수 있도록 하라."

《동의보감》이 완성된 17세기 이후 우리나라 한의학은 최전
성기를 맞이했습니다. 중국에도 《동의보감》이 수출되었는데요.
1763년 중국에서 자체적으로 출판된 이후 20여 차례나 반복해
서 출간될 정도로 인기가 높았습니다. 1766년의 중국판 서문은
《동의보감》을 '천하가 함께 가져야 할 보물'이라고까지 높이 평
가했어요.

《동의보감》은 조선 사람 양평군陽平君 허준의 저작이다. 그는 멀리
떨어진 외국에 있으면서 책을 지어 중국에 자신의 의학을 널리
알리게 됐으니, 학문이란 것은 꼭 전해지게 마련인지라 땅이 멀다

---

5) 攝生. 건강관리와 예방을 이른다.
6) 藥石. 약과 침을 활용한 치료를 이른다.

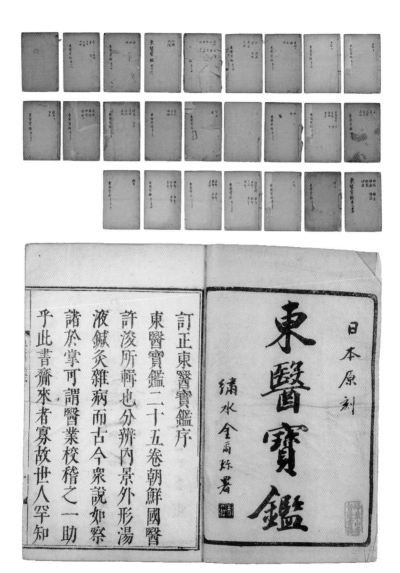

訂正東醫寶鑑序

東醫寶鑑二十五卷朝鮮國醫

許浚所輯也分辨內景外形湯

液鍼灸雜病而古今衆說如察

諸於掌可謂醫業校稽之一助

乎此書齋來者寡故世人罕知

日本原刻

繡水金爾珠署

東醫寶鑑

**정정동의보감**

중국에서 발행한 《정정동의보감(訂正東醫寶鑑)》. 1724년 일본의 미나모토 모토미치(源元通)가 경도서림
(京都書林)에서 간행한 《동의보감》을 원판으로 하여 1890년(광서 16) 중국 소엽산방(掃葉山房)에서 다시
만든 목판본이다. '조선 의원 허준이 고금의 학설을 일목요연하게 정리한 결과, 의업에 종사하는 이들에
게 좋은 참고가 된다'라는 서문의 내용이 보인다. 일본과 중국을 넘나들며 동아시아에서 높은 평가를 받
았던 《동의보감》의 위상을 유감없이 보여주고 있다. 국립중앙박물관

고 해서 가로막히는 것은 아니다……. 천하의 보물은 마땅히 천하
가 함께 가져야 할 것이다.


## 일본도 무릎을 꿇은 《동의보감》

이웃 나라 일본에서도 《동의보감》은 최첨단 의학 지식으로
인식되었습니다. 1662년에는 일본 관리가 조선으로 와서 《동의
보감》을 수입해 갑니다. 그리고 미나모토 모토미치가 《동의보
감》을 개정하여 《정정동의보감》을 만들기도 했고요. 그는 《정정
동의보감》의 서문과 발문을 썼는데요. 발문 내용을 보면 일본의
통치자 쇼군7)이 《동의보감》의 진가를 알아보고 간행을 명령했
다는 사실을 알 수 있습니다.

우리 대군大君, 쇼군께서 정치를 하는 여가에는 항상 의업과 약물에
대하여 깊은 염려를 하셨다. 마침 조선국 허준이 편찬한 《동의보
감》을 보게 되셨는데 《동의보감》이 진실로 백성을 보호하는 경전
(經典)이요, 의가의 보물이라는 것을 알게 되시어 친히 명령을 내리

---

**7)**   도쿠가와 요시무네(德川吉宗, 1684~1751). 에도막부의 8대 쇼군으로 재임 기간은
        1716~1745년이다.

교과서 밖 ────── 조선의 역사

고선 책을 인쇄하여 영구히 전할 수 있도록 하셨다. (중략)

아! 감격스럽구나. 우리 대군의 인자한 보살핌 아래 온 나라가 그 은택恩澤을 입게 되었으니 이 어찌 우러러 기뻐하지 않겠는가!


한마디로 한·중·일 세 나라에서는《동의보감》을 토대로 한 처방이 만병통치로 여겨진 겁니다. 처방법이《동의보감》을 통해 알려졌으니 각종 약재가 시장에서 의약품으로 등장했고, 의약품의 수요도 폭발했습니다.

폭발한 의약 수요에 대응해 의원도 등장합니다. 각종 처방과 치료에 정통한 의원이 나타나기 시작했고, 오늘날과 같이 내과의, 외과의, 산부인과의 등 전문 의원이 분화됩니다. 예전에는 의약 지식이 부모나 가족의 치료를 위해 익혀야 할 상식이었다면, 이제는 여러 의원 가운데서 어떤 의원이 진짜 좋은 의원인지 가려내기 위해 의약에 능통해져야만 했습니다. 의원이 처방전을 만들어오면 양반 사대부는 의원의 처방전을《동의보감》으로 교차 검증하기도 했습니다.

유만주俞晩柱, 1755~1788는 양반 사대부면서 의학에 정통한 사람이었는데요. 그는 의원이 가져온 처방을《동의보감》을 통해 교차 검증하면서 의원을 평가해보기도 했습니다. 이런 경우가 그의 일기《흠영欽英》에서 열세 건이나 확인됩니다. 결코 적은 횟수가 아니죠. 이처럼 조선 후기에 들어서는《동의보감》이 치료의 기본 교과서로 깊숙이 자리 잡았다 해도 과언이 아니었습니다.

이런 18세기 의약의 진보에는 전쟁으로 피폐해진 백성의 몸과 마음을 어루만져 주려던 의성醫聖 허준 선생의 고뇌가 담겨 있었으니, 그분의 마음 씀씀이가 새삼 대단하다는 생각이 듭니다. 이런 점에서 허준의 《동의보감》은 천하가 나누어 가져야 할 보물임이 분명합니다.

**서양 역사 돌아보기**

《동의보감》을 만들기 시작한 1596년, 서양에서는 어떤 사건이 벌어졌을까? 공교롭게도 당시 서양에서는 흑사병페스트이 크게 유행했다. 오늘날 스페인의 카스티야에서만 50만 명이 흑사병으로 사망했다. 흑사병은 1347년 처음 창궐한 이래로 유럽 인구의 60퍼센트최대 추산, 약 2억 명를 앗아갔던 무서운 전염병이었다. 이 역병의 전염 경로에 대해서는 학설이 분분하지만 대체로 비단길로 연결된 몽골제국에서 유래한 것으로 짐작하고 있다. 몽골 킵차크한국의 자니베크 칸Jani Beg은 크림반도의 항구 도시 카파Kaffa, 즉 현재의 페오도시야를 공격할 때 흑사병으로 죽은 군인을 투석기로 도시에 던져 넣어 생물학 무기로 사용했다. 그 결과 도시 전체에 흑사병이 퍼지게 되었다.

# 08

## 18세기 서울은
## 의약이 분업화된 도시였다?

: 의약의 진보가 펼쳐진 르네상스 조선 이야기

18세기는 조선왕조의 황금기였어요. 강건성세[8]로 대변되는 청
나라의 훌륭한 정치가, 평화라는 안정적인 정치적 상황을 조선
에도 만들어주었기 때문입니다. 경제적인 풍요도 가져다주었고
요. 조선에서는 공물을 쌀로 통일하여 바치게 한 '대동법大同法'
이라는 커다란 경제 개혁을 이루어냈는데요. 그 결과 현물경제
가 화폐경제로 전환되어 상품 시장이 활발해졌습니다. 상품 시

---

8)  康乾盛世. 청나라의 최전성기였던 강희제(康熙帝), 옹정제(雍正帝), 건륭제(乾隆帝)
    의 통치 시절을 일컫는 말이다.

장 중에는 의약 시장도 있었는데, 상품 시장이 발달하다 보니 약재 유통도 활발해졌습니다. 굳이 관에 가지 않고도 약재를 전문적으로 다루는 약포藥舖, 약국에서 약을 구할 수 있게 된 겁니다.

## 천태만상이었던 18세기 의약 생활사

의약의 진보에는 부작용도 만만치 않았습니다. 상품화가 진전되며 시중에 가짜 약재가 판을 치거나, 풍문으로 약재 가격이 급등하는 등 이상 현상도 속출했거든요. 특히 인삼의 경우는 가품이 많았다고 해요. 이렇게 가짜가 성행한 이유는 인삼 산업이 엄청난 돈이 되었기 때문입니다.

《동의보감》이 중국과 일본에서 유행하자,《동의보감》의 중요한 처방 중 하나인 조선의 인삼이 인기를 끌었습니다. 없어서 못 파는 지경이었죠. 17세기에 조선 인삼은 주요 수출품으로써 우리나라에 막대한 은을 가져다주었지만, 마구잡이로 캐내어 진짜 인삼은 사라지고 도라지를 삼으로 속여 파는 등 가짜 삼이 판치는 모양새가 되어버렸습니다.

서울 양반 유만주와 지방 양반 황윤석黃胤錫, 1729~1791은 앞서 말한 것처럼 가짜가 판을 치는 동시에 의약 분야가 급격히 성장하던 18세기를 살아간 인물입니다. 그들은 당시 의약 처방 기록

교과서 밖 _____ 조선의 역사

을 꼼꼼히 일기에 남겼는데요. 조선 후기 사람들의 치료 행위를 알 수 있는 정보를 수록하여 의학사에서 무척 중요합니다. 18세기 후반 서울과 지방의 의료 편차는 의외로 적었습니다. 서울에는 의약이 분업화되어 지금의 전문의처럼 각기 강점이 있는 치료 분야에 따라 전문 의원이 널려 있었고, 지방 역시 의원 숫자가 부족하지는 않았던 것으로 보입니다. 이런 서울과 지방의 비교는 앞서 말씀드린 서울 양반 유만주의 일기 《흠영》과 지방 양반 황윤석의 일기 《이재난고頤齋亂藁》를 통해서도 알 수 있습니다. 먼저 서울 출신인 유만주의 의약 생활을 한번 살펴봅시다!

## 의약이 분업화된 첨단도시 서울

———

유만주의 일기 《흠영》에 실린 치병治病 기록395건을 보면, 치료 행위 대부분이 전문 의원의 처방에 따른 약물242건에 의존한 것으로 드러납니다. 침도 겨우 두 건으로 별로 사용하지 않았고, 무당을 불러 점을 보거나 굿을 하는 등의 비상식적인 치료 방법은 단 한 건에 불과합니다. 세련되고 합리적이었던 서울 경화세족의 면모가 드러나는 대목이네요. 기록 가운데 145건은 전문 의원과 약국을 찾아다니며 자신과 가족의 건강을 챙긴 것으로 드러났습니다. 97건은 유만주 스스로 진단하고 처방했는데, 유

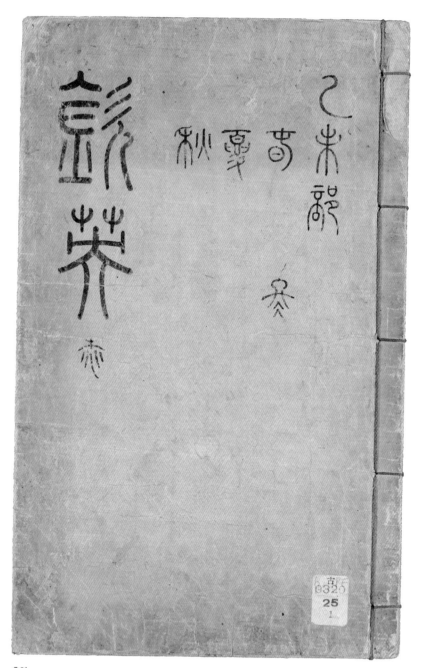

**흠영**

18세기를 살다 간 문인 유만주의 일기 《흠영》. 표지 제목은 당대 명필이었던 유한지(俞漢芝, 1760~?)가 쓴 것으로, 단아한 전서체 글씨가 아름답다. 그의 일기엔 조선 후기의 생활 풍속사가 고스란히 담겨 있어 귀중한 사료로 평가받는다. 서울대학교 규장각한국학연구원/ 중앙도서관학을 공부한 선비임에도 불구하고 의학 지식이 상당했음을 알수 있습니다. 18세기 조선은 박학다식한 선비를 이상적으로 생각했기 때문에 유만주같이 의학 지식에 뛰어난 양반 사대부를 보는 것은 그리 이상한 일도 아니었습니다. 유만주는 뛰어난 의학 실력으로 전문 의원들과 열띤 치병 논쟁을 벌이기도 했으며, 《동의보감》을 토대로 잘못된 처방을 찾아내기도 했습니다.

서울이라는 지리적 이점 덕분에 약물이나 사설 의원을 찾는데에도 별 어려움이 없었습니다. 흥미로운 사실을 말씀드리면, 서울에는 의원이 전문 분야에 따라 분화되고 있었다는 겁니다. 약재 처방만을 담당하는 약의藥醫, 침을 놓는 침의鍼醫, 종기를 치료하는 종의腫醫, 어린아이를 치료하는 소아의小兒醫, 여인을 치료하는 부인의婦人醫, 천연두를 치료하는 두의痘醫, 눈병을 보는 안의眼醫 등 지금과 별반 차이가 없을 정도로 다양했어요.

문제는 약재의 가격이었습니다. 서울 양반으로 어느 정도 경제력을 갖추었지만 유만주 역시 고가의 약재는 부담스러웠고, 약재 가격을 놓고 처방을 고민하는 모습도 일기에서 볼 수 있습니다. 또 약을 짓는 모습도 재미있습니다. 양반 사대부가 직접 발로 뛰며 산지에서 약재를 구해오거나, 인근 약국을 찾아가 상품으로 판매되는 약재를 구입하기도 했습니다. 약값은 그때그때 지불한 것이 아니라, 봉급날과 같이 경제적인 여유가 생길 때마다 현금으로 한꺼번에 계산했다는 것도 확인됩니다. 조선 시대

물건값을 지급하는 관행이 이처럼 이루어졌던 것 같네요. 서울 사람의 의약 생활을 알아봤으니, 이제는 지방 사람들의 생활도 살펴봅시다!

## 의외로 괜찮았던 지방 의료 현실

유만주 같은 서울 양반 말고도, 호남 출신 양반인 황윤석도 의약 일기를 남겼습니다. 그의 일기《이재난고》는 지방의 의료 수준이나 형편을 살펴볼 수 있는 좋은 사료입니다. 황윤석은 지방 사람으로 서울에 과거 공부를 하러 올라온 경험과 더불어 관직 생활도 했기 때문에 그의 일기를 통해 지방과 서울의 의료 형편을 대조해볼 수 있습니다.

청년 시절의 황윤석은 서울에서 공부했는데, 이곳에서 그가 겪은 의료 환경은 유만주와 별 차이가 없었습니다. 눈병이 났을 때에는 눈을 전문적으로 보던 안의를 찾아다녔고, 처방받은 약

**이재난고**
지방 의료 현실을 생생히 보여주는 황윤석의 의약 일기다. 문화재청 문화재 자료 화면

교과서 밖 _____ 조선의 역사 _____

을 약국에서 지어 먹었습니다. 치료에 대한 불편함도 전혀 없었고, 처방과 약값에 대한 지불 역시 철저히 현금으로 이루어졌습니다.

평생 벼슬하지 못했던 유만주와 달리 황윤석은 지방에서 벼슬살이를 했기 때문에 지방의 의료 형편을 알 수 있었습니다. 지방관을 지내면서 그의 의약 기록은 더욱 늘어납니다. 약값을 관아에서 지불해주었기 때문에 얼마든지 약을 지어 먹을 수 있었거든요. 지방 수령이라는 지위 덕분에 유명한 의원을 정중히 초대하여 병을 치료할 수도 있었죠. 서울은 전문 의원이 곳곳에 있었지만, 지방의 경우에는 전문의가 드물어 말과 가마로 모셔 오는 경우가 많았습니다.

황윤석의 일기에서 눈에 띄는 점은 떠돌이 의원인 의객醫客, 팔도를 떠돌며 약을 팔던 매약상賣藥商, 여인을 치료하던 의녀醫女, 말을 치료하던 마의馬醫와 같은 평민의 존재입니다. 의객은 대부분 몰락 양반 출신으로 전국을 떠돌면서 의료 행위를 했습니다. 의녀는 여인을 치료하던 의관으로 관아에 소속된 관비 출신이 많았는데, 손재주가 뛰어난 의녀는 서울에 있던 전의감典醫監이나 혜민서惠民署로 차출되어 올라가기도 했어요. 마의는 말 그대로 말을 전문적으로 치료했는데, 주로 말을 치던 목자처럼 신분이 천한 이들이었습니다. 양반의 말을 치료하고 술값 정도의 수고비만 받을 정도로 처지가 열악했죠.

이상으로 조선 시대 의약 생활사를 살펴보았습니다. 조선 전기만 해도 의료 행위는 제한적이었지만, 조선 후기에 이르면 대동법이라는 개혁과 함께 《동의보감》의 보급으로 의약 시장이 형성됩니다. 그 결과 많은 사람이 전문 의원이나 약재상을 직업으로 삼아 사적인 영리 행위를 벌였다는 사실이 일기 같은 사료를 통해 밝혀진 셈이니, 조선 후기 상업화는 우리가 생각한 것보다 훨씬 복잡화되고 전문화되었음을 알 수 있습니다.

**서양 역사 들여다보기**

조선에서 의약 분업이 폭발적으로 이루어지던 18세기 후반, 서양에서는 어떤 일이 벌어지고 있었을까? 이때 미국은 영국의 지배에서 벗어나 독립국가로서 새로운 헌법 마련에 고심하고 있었다. 연방정부의 권한에 무게를 실어주고 국방과 조세권을 핵심으로 하는 미국 연방헌법이 1789년 3월 4일에 제정되었다. 바로 지금의 초강대국 미국을 있게 한 세계 최강, 최고(最古)의 헌법 중 하나다.

# 09

## 부의 흐름을 바꾼
## 조선판 반도체는 홍삼이었다?

: 홍삼 무역 이야기

인삼은 우리나라의 자랑스러운 토산물 중 하나로, 그 역사는 아득한 시절까지 거슬러 올라갑니다. 중국의 기록에 따르면 천년 왕국 신라의 주요 수출품으로 인삼이 언급되거든요.

신라를 이은 고려도 마찬가지입니다. '고려인삼'이라는 말이 이때 나왔을 만큼 인삼은 중국에서 만병통치약으로 여기는 귀한 약재였습니다. 특히 우리나라 인삼은 다른 나라의 삼과 구별하기 위해 '풀 초艸 변艹'이 들어간 '삼蔘'이라는 한자를 썼습니다. 반면 중국에서 나는 삼은 풀 초 변이 들어가지 않는 '삼參' 자를 썼다는 속설도 있습니다. 그만큼 고려인삼은 특유의 고유성

**송도전경, 《송도기행첩》**
강세황(姜世晃, 1713~1791)의 《송도기행첩(松都紀行帖)》에 묘사된 송도(개성)의
풍경. 개성의 남대문을 중심으로 상점이 줄줄이 늘어서 있다. 국립중앙박물관

을 인정받았던 것이 아닐까요. 고려 상인들은 인삼을 중국으로 가지고 간 다음 고려에서 팔 만한 물품으로 바꾸어 왔습니다. 중계무역으로 고려 상인은 큰 이문을 남긴 셈이네요.

## 300년 만에 다시 불어온 민간무역의 바람

———

조선 시대에도 중국과 일본과는 교역을 자주 했어요. 가끔 조선이란 나라는 고려와 달리 유교적 신념에 충실한 폐쇄적인 국가여서 다른 나라와의 만남을 멀리했다고 설명하지만 잘못된 이야기입니다. 조선은 오히려 중국이나 일본과의 중계무역을 통해 세금을 수취하고 나라 곳간을 든든히 채워놓기도 했습니다. 조선이 비교적 폐쇄적일 수밖에 없었던 것은 중국과 얽힌 역사적 이유 때문이었죠.

고려 시대에 중국에는 송나라와 원나라가 있었습니다. 송나라와 원나라는 개방적인 국가여서 국제 교역을 장려했어요. 고려도 중국의 대외 정책에 힘입어 여러 나라와 교역을 했고요. 하지만 조선 시대에 중국에 있었던 명나라는 또 달랐습니다. 명나라는 폐쇄적인 해금海禁 정책을 고수했고, 조선도 명나라의 대외 정책에 따라 여러 나라와 해상 교역이 자유롭지 못했습니다. 조선 시대 전·중기까지만 해도 조공무역이라는 무역체계 안에서 중국의 명나라나 청나라와 꾸준히 상거래를 지속했다는 점을 강조하고 싶습니다.

임진왜란 이후 사무역에 대한 욕구가 증가하자 밀무역 시장도 성행했습니다. 바로 후시後市였죠. 이곳에서는 주로 인삼이 몰래 거래되었는데요. 이를 주도한 사람들이 바로 '의주상인'과 '개성상인'으로 불리던 사상私商이었어요. 정부는 인삼 밀무역을 막기 위해 노력했지만, 청나라에서 계속 요구했기 때문에 어쩔 수 없이 허락해야만 했습니다. 영조 31년인 1755년에는 압록강 넘어 120리 거리의 청나라 봉황성 책문에서 열리던 밀무역 시장인 '책문후시柵門後市'를 허락하는 대신, 출입 물자에 관세를 붙였습니다. 그리고 이를 국고에 충당하였죠.

　인삼 무역에서 나오는 세금이 상당하다는 결론이 나오자, 1814년에는 아예 의주에 관세청簉稅廳을 설치합니다. 청나라와의 국경인 책문에서 거래되는 물품의 세금을 거두기 위해서였는데, 지금의 관세청關稅廳과 비슷한 역할을 한다고 생각하시면 돼요. 철종 때는 호조戶曹의 한 기관으로 귀속되어 빈약한 조선 정부 재정에 단비와 같은 존재로 자리매김합니다. 그도 그럴 것이 고종 연간에 밀무역되는 홍삼 거래가 20만 근에 달해, 여기서 나오는 관세만 해도 엄청났기 때문이죠. 관세청에서 거둬들이는 세금은 1860년부터 조선의 국방을 증강하는 데 큰 역할을 합니다. 프랑스군과의 전투였던 1866년의 병인양요로 파괴된 강화도를 보수하는 데에도 바로 이 관세청의 자금이 들어갔습니다. 중앙의 오군영과 지방 군영의 군인들 급료도 여기서 나왔고요.

　아쉬운 점이 있다면 관세청이 관세 주권을 가지며 국내 산업을 보호하는 역할을 제대로 하지 못했다는 부분입니다. 정부의 세입 체계에 포함되지 못했다는 것도 아쉽고요. 그저 서울에 있는 국왕이나 집권자의 통치자금 또는 유동자금으로 소모될 뿐이었습니다. 근대 이전에는 동서양을 막론하고 왕실과 정부 재정이 제대로 분리되지 못했기에 어쩔 수 없는 한계였습니다.

## 홍삼으로 국고를 꽉꽉 채운 정조

——

매의 눈처럼 날카롭게 들여다볼 부분이 뭐냐면, 조선 후기 상업사商業史에서 홍삼이라는 수출품이 화려하게 등장한 때가 정조 대라는 사실입니다. 홍삼 무역은 공무역으로 대표되는 역관의 상거래가 아니라, 사무역으로 대표되는 사상이 키웠습니다. 그중에서도 개성상인이 만들었다 해도 과언이 아닙니다. 개성인삼이 유명한 이유는 바로 개성상인의 뛰어난 상술 덕분이었어요.

정조는 역관 무역으로 대표되는 공무역의 폐단을 잘 알고 있던 군주였습니다. 역관과 관허상인官許商人이 공무역을 핑계로 무역이 금지된 우황 등의 약재를 사사로이 팔아 사적인 이익을 챙기던 행태를 두고 볼 수 없었죠. 그래서 서울 시전상인市廛商人의 특권을 점차 축소하고 전국의 사상을 키워서 내수 경제와 지역 상업을 진흥하려고 노력했어요. 이것이 육의전을 제외한 시전의 금난전권禁亂廛權을 폐지하는 '신해통공辛亥通共'이라는 자유 상업 정책으로 옮겨집니다.

정조 시절에는 국고의 은화 보유량이 점차 줄어들고 있었습니다. 대對일본 수출의 일등공신이었던 산삼 수출량이 급감하고 있었기 때문입니다. 조선의 자연 산삼이 고갈되고 있었던 게 첫 번째 이유였고, 일본 정부가 조선으로의 은화 유출을 막기 위해 전략적으로 자생 삼을 키워내고 있었던 게 두 번째 이유였습니다. 게다가 청나라에서 사치품을 수입하면서 많은 은화가 중국으로 유출되고 있었죠. 국고가 텅텅 비어가는 시점이었기에 정조는 하루빨리 대책을 찾아야만 했습니다.

이때 행운이 찾아옵니다. 전라도 동복 지방의 한 여인이 인삼을 집에서 길러내는 방법을 알아낸 것입니다.[9] 이렇게 집에서 재배한 인삼을 가삼家蔘이라고 불렀는데, 가삼 재배법은 빠르게 호남과 영남으로 퍼져나갔고 18세기 말쯤에는 전국적으로 성행했습니다.

정조 21년1797, 정조는 재빨리 미삼계尾蔘契라는 인삼조합을 만들어 전국의 가삼을 독점적으로 수매하도록 명령합니다. 하지만 가삼은 유통기한이 짧아서 운송 중에 약효가 떨어지거나 상하는 일이 빈번해 상품 가치가 계속 떨어진다는 문제가 있었습니다. 이때 정조가 생각해낸 묘안이 바로 '홍삼紅蔘'이었습니다.

정조는 물에 삶아 익히는 숙삼熟蔘과 수증기로 찌는 홍삼의 두 방법을 시험해본 뒤, 홍삼이 제조법도 편리하고 유통기한도 더 오래간다는 것을 알게 되자 즉시 홍삼 제조를 명령합니다. 홍삼을 수출하기 위해 제도까지 고쳤는데, 중국으로 가는 사신과 역관이 청나라와 무역할 때 결제통화로 은화 말고 홍삼도 쓸 수 있도록 허락했습니다. 그 대신 가져가는 홍삼에 대해 부가세를

---

9) 일설에는 개성의 박 아무개라는 사람이 재배법을 처음 개발했다고도 한다.

**개성인삼 재배 엽서**
일제강점기 조선의 풍속을 그린 엽서. 개성의 가삼 재배 방식을 알 수 있다. 필자 소장본

걷고선 이를 국고에다 충당했어요. 그리고 이런 세세한 법적 규정을 '삼포절목蔘包節目'이라고 불렀습니다.


## 홍삼으로 미래를 내다본 정조의 혜안

———

그 결과는 어땠을까요? 당시 조선에서 홍삼 한 근의 가격은 은 100냥으로, 쌀로 환산하면 60~80석에 달했다고 합니다. 청나라에서는 몇 배 더 비싼 가격에 거래되었고요. 홍삼 한 근이 청나라에서 매매되는 최소 가격이 1,100냥에서 최대 2,300냥에 달할 때도 있었다고 하니까요. 홍삼을 제조한 개성상인의 마진만 해도 150배가 넘었으니 정말 대단한 효자 상품입니다. 오늘날 반도체보다 훨씬 높은 영업이익률을 기록한 셈이죠.

무역량 역시 급증했는데요. 홍삼 무역이 시작된 첫해인 1797년에는 120근에 불과했지만 1823년 1,000근, 1827년 3,000근, 1832년 8,000근, 1841년 2만 근, 1847년 4만 근까지 증가했답니다. 여기서 거두어들이는 세금만 해도 4만 냥이 넘었고요.

이처럼 고가의 제품을 대량 수출하며 세금까지 거두었으니 국고가 풍족해진 것은 당연한 이치겠죠? 후에 흥선대원군興宣大院君 이하응李昰應 역시 군비 확충이 필요할 때 홍삼에서 거두어들인 세금을 적극적으로 활용했다고 하니, 미래를 내다본 정조의 안목에 감탄만 나올 뿐입니다.

**서양 역사 톺아보기**

정조가 〈삼포절목〉을 반포하던 1797년, 서양에서는 어떤 일이 있었을까? 이때 미국에서는 제2대 대통령 존 애덤스John Adams, 1735~1826가 취임했다. 미국의 초대 부통령이기도 한 애덤스는 상당한 독설가로, 초대 대통령 조지 워싱턴도 그의 독설에서 벗어나지 못했다. 애덤스는 워싱턴에게 "망령된 늙은이!"라고 독설을 퍼부었으며, 재무장관 해밀턴에게는 "스코틀랜드 행상인의 후레자식!"이라고 욕을 했다. 존 디킨슨에게는 "돈은 많고 머리는 모자란 놈!"이라고 매섭게 꾸짖었다. 이런 면모를 두고 벤저민 프랭클린은 "애덤스는 정직하고 위대한 인물이었지만 때로는 미쳐 있었다"라고 평했다. 아들 존 퀸시 애덤스John Quincy Adams가 1825년 미국 제6대 대통령으로 당선되었는데, 두 사람은 미국 최초의 부자 대통령이었다. 애덤스는 아들이 대통령이 되는 것을 두 눈으로 보았으니, 이때 그의 나이 아흔 살이었다.

# 10

## 조선 22대 임금 정조는
## 악덕 군주였다?

: 약골 정약용과 술꾼 오태증 이야기

동양 사회에서 술酒이라는 존재는 부정적인 이미지가 컸습니다. 중국에서는 의적儀狄이라는 사람이 처음으로 술을 만들었다고 전해지는데요. 의적은 달짝지근하고 향이 좋은 이 술을 하나라의 우임금에게 진상했습니다. 술을 마셔본 우임금은 사람을 취하게 만드는 이 액체가 나중에 나라를 망칠 것이라 예상해 의적을 멀리하고 술은 입에도 대지 않았다고 합니다. 예측대로 후대에 폭군 걸왕이 나타나 주지육림酒池肉林의 고사를 만들어내고 우임금이 창업한 하나라를 망하게 했습니다. 이런 역사적인 이야기 때문인지 예로부터 술을 몸과 나라를 망치는 광약狂藥으로 여긴 것

**투전도**
단원(檀園) 김홍도(金弘道, 1745~?)의 아들인 긍원(肯園) 김양기(金良驥, 1792~?)의 〈투전도(鬪鑋圖)〉. 그림 속에 술과 고기와 도박판을 비롯해 서양의 자명종도 보인다. 개인 소장

같습니다.

## 예상과 달리 쾌락 군주였던 정조

조선 22대 왕 정조는 모범생 이미지와 다르게 술과 담배를 즐기던 군주였습니다. 선대왕이자 할아버지인 영조는 금주령을 내릴 정도로 술에 부정적이었지만, 손자는 할아버지와 달리 금주령을 풀어주었어요. 그래서 정조가 재위한 18세기 후반은 조선왕조 500년 가운데 가장 늘어진 시절이었습니다. 술과 담배, 도박이 모두 가능했기 때문입니다.

정조 시대의 고관대작은 정청[10]에 모여 서로 패를 돌려가면서 도박을 벌이는 게 일상이었습니다. 다산茶山 정약용丁若鏞, 1762~1836조차 도박판에 끼어 패를 돌렸다고 합니다. 이 시기에는 서적의 수입도 재개되어 패사 소품과 같은 청나라 소설과 국문 소설이 여인들의 규방을 휩쓸었습니다. 그뿐만 아니라 음주 가무도 성행하여, 초정楚亭 박제가朴齊家, 1750~1805의 증언에 따르면 서울 사대문 안에서 하루에 소 1,000마리가 도축되어 술안주로 팔려 갔다고 합니다. 또 서울 마포의 술도가는 7,000여 칸에 이

---

10)    政廳. 관리들이 정무를 보던 장소다.

를 정도로 번성했다고 하니, 먹고 노는 것이 가장 풍요로운 시절이었네요.


## 옥필통의 어사주를 마시다 죽을 뻔한 정약용

———

정약용은 이런 쾌락 군주 정조에게 된통 걸려서 옥필통玉筆筒에 든 소주를 단숨에 마신 적이 있습니다. 그는 1783년 생원시에 합격한 후 성균관에서 공부했는데요. 정조가 그를 어여삐 여겨 중희당重熙堂으로 부르고는 소주를 옥필통에 가득 부어 주었습니다. 무려 주상 전하가 친히 제조하고 하사하는 술인 삼중소주三重燒酒를 말이죠.

정조가 정약용에게 억지로 마시게 한 삼중소주는 세 번이나 증류해서 만든 술로, 무려 70도가 넘는 독한 소주였다고 합니다. 주로 임금이 시험 합격자에게 술을 내리거나 연회를 개최할 때 사용했죠. 임금이 술을 하사하거나 음식을 내려주는 것은 무척 영광스러운 일이었지만, 정약용은 이때의 충격이 컸는지 유배 생활을 할 때 아들에게 보낸 편지에 이 일화를 언급하며 절대로 술을 마시지 말라고 했답니다.

내정약용가 포의[111]로 있을 적에 중희당에서 어사주御賜酒인 삼중소주를 하사 받는 은혜를 입었다. 옥필통을 가득 채우고 그것을 나에게 주셨으니 명을 거역할 수는 없었다. 그 술을 마시면서 마음속으로 '나는 오늘 죽었구나!' 생각했지만 그다지 심하게 취함은 없었다.

정약용 선생은 의외로 약골이었어요. 자그마한 체구에 뽀얀 얼굴이 특징이라 '백면서생'이라는 말이 딱 어울리는 분이었습니다. 그래서 그런지 어릴 적부터 병을 달고 살았다고 합니다. 만일 체격이 우람했다면 정조는 정약용을 무관으로 키웠을 게 분명합니다. 정약용의 장인이 무관인 홍화보洪和輔이기도 했고, 정조는 왕권 강화를 위해 친위 군사들을 키워내는 데 적극적이었으니까요. 하지만 정약용은 군인이 되라는 정조의 제안을 애써 외면하고 문과 시험을 봐서 문신이 되었다고 합니다!

## 정조도 인정한 못 말리는 술꾼 오태증

한편 정조가 술을 가지고 신하들을 요리한 일화는 정약용에게만 있는 것이 아닙니다. 오태증吳泰曾, 1754~?이란 유생과의 일화

---

11) 布衣. 벼슬이 없는 선비를 이른다.

도 재미있습니다.《조선왕조실록》에서 정조 16년1792 3월 2일 기사를 보면, 정조가 제술製述 글짓기 시험에 합격한 성균관 유생들을 모아두고 잔치를 연 적이 있는데, 오태증 이야기는 여기에 나옵니다.

## 청 건륭 57년1792 성균관 제술 시험 합격자들과 희정당에서 연회를 벌이다

임금정조이 성균관 글짓기 시험에 합격한 유생을 희정당熙政堂에서 불러 보고 술과 음식을 내렸다. 그리고 서로 시를 지어 기쁨을 기록하라고 명하였다.

임금이 이르기를 "옛사람의 말에 술로 취하게 한 뒤 그 사람의 덕을 살펴본다고 하였으니, 너희는 모름지기 취하지 않으면 돌아가지 않는다는 뜻을 생각하고 각자 양껏 마셔라! 우부승지 신기申耆는 술좌석에 익숙하니, 잔 돌리는 일을 맡길 만하다. 규장각과 승정원과 호조에 일러 술을 많이 가져오게 하고 노인은 작은 잔을, 젊은이는 큰 잔을 사용하되, 잔은 규장각의 팔환은배12]를 사용토록 하라. 승지 민태혁閔台爀과 규장각 각신 서영보徐榮輔가 함께 술잔 돌리는 것을 감독하라" 하였다.

---

12]　八環銀盃. 대략 220밀리리터에 해당하는 용량이다.

규장각 각신 이만수李晩秀가 아뢰기를 "오태증은 옛 대제학 오도일 吳道—의 후손입니다. 집안 대대로 술을 잘 마셨는데, 태증이 지금 이미 다섯 잔을 마셨는데도 아직도 취하지 않았습니다" 하니, 임 금이 이르기를 "이 희정당은 바로 오도일이 취해 넘어졌던 곳이 다. 태증이 만약 그 할아버지를 생각한다면 어찌 감히 술잔을 사 양하겠는가. 다시 큰 잔으로 다섯 순배를 주어라" 하였다.

식사가 끝난 뒤에 서영보가 아뢰기를 "태증이 술을 이기지 못하 니 물러가게 하소서" 하니, 임금이 이르기를 "취하여 누워 있은들 무슨 상관이 있겠는가. 옛날 숙종조에 태증의 할아버지 오도일이 경연의 신하로서 총애를 받아 임금 앞에서 술을 하사 받아 마시 고 취해 쓰러져 일어나지 못하였던 일이 지금까지 아름다운 이야 기로 전해지고 있다. 그런데 지금 그 손자가 또 이 희정당에서 취 해 누웠으니 참으로 우연이 아니다" 하고, 별감別監에게 명하여 업 고 나가게 하였다.

그때 가랑비가 보슬보슬 내리니 '봄비에 선비들과 경림13)에서 잔 치했다'로 제목을 삼아 시를 짓도록 하였다. 임금이 먼저 '봄 춘春' 자로 압운하고 여러 신하와 유생에게 각자 시를 짓는 대로 써서 올리게 하였다. 그리고 취하여 짓지 못하는 자가 있으면 내일 추

---

13) 瓊林. 송나라에 있었던 아름다운 정원으로, 과거 급제자들을 모아 연회를 베풀었던 곳 이다.

후로 올리라고 하였다.

___《정조실록》34권, 정조 16년 3월 2일 신미 1번째 기사

오태증의 집안인 해주 오씨 사람들은 술을 잘 마셨나 봅니다. 소문이 서울 사대문 안에 퍼질 정도로 유명했거든요. 오태증은 이런 집안 내력 때문인지 큰 잔에 소주를 가득 부어 다섯 잔을 마셨는데도 끄떡없었습니다. 다른 유생들은 약골인지라 하나둘씩 떨어져 나갔지만, 오태증만은 예외였습니다. 술자리를 감독하던 신하들은 이런 그를 신기하게 여겨 정조에게 보고합니다. 정조는 오태증이 옛날 옛적 대제학을 지냈던 오도일의 후손이라는 사실을 듣자마자 알 수 없는 미소를 짓고요.

**오도일 초상**
오태증의 고조할아버지 오도일의 초상화. 그는 술을 잘 마시기로 소문났는데, 이를 증명이라도 하듯 코가 붉게 물들어 있다. 해주 오씨 추탄공파 종중

오태증의 고조할아버지 오도일은 90여 년 전 바로 이곳 희정당에서 숙종에게 하사 받은 술을 마시다가 쓰러진 일이 있었습니다. 정조는 오도일이 술에 취해 쓰러진 일화를 상기시키면서 손자도 여기서 쓰러지지 않으면 예의가 아니라고 말했죠.

그러고선 오태증에게 규장각에서 가져온 팔환은배로 술 다섯 잔을 마시게 하여 쓰러뜨렸습니다. 정말 흥미롭고 유쾌한 이야 기입니다.

## 흑역사가 실록에 기록된 오태증

술꾼 오태증의 일화는 여기서 끝나지 않습니다. 3년 뒤 《조선왕조실록》에 다시 등장해요. 다름 아니라 술에 크게 취해 제대로 출근하지 못했는데, 이런 부끄러운 일화마저 실록에 실리게 된 것입니다.

**청 건륭 60년**1795 **술에 취해 기주**14)**의 반열에 참여하지 못한 검열 오태증을 추고하라고 하교하다**

승정원이 아뢰기를 "검열檢閱 오태증은 궁궐에 들어오라는 명이 내려진 뒤에도 인사불성이 되도록 취한 나머지, 일어나려다가 도로 쓰러지곤 하여 기주의 반열에 참여하지 못했습니다. 온 나라가 기뻐하며 축하하는 날에 취하는 것은 상서로운 일에 방해가 된다

---

14) 記注. 언행을 그대로 기록하는 사관의 임무를 이른다.

고 할 수 없겠습니다만, 사초史草를 작성하는 사관의 임무를 수행하는 신하로서 술을 조심해야 하는 경계를 소홀히 한 탓에 놀라운 일이 있게끔 하였으니, 일의 체면을 돌아볼 때 중히 처벌하지 않을 수 없습니다. 그러나 오태증의 소속 관청인 예문관藝文館에서 추고[15]를 청하는 외에는 달리 적용할 처벌 규정이 없습니다" 하니, 추고하라며 하교하였다.

___《정조실록》42권, 정조 19년 6월 17일 1번째 기사

실록을 작성하는 사관이던 '예문관 검열' 오태증! 역설적이게도 본인이 작성하던 실록에 자신의 술주정이 기록된 것입니다. 과연 그는 이런 흑역사가 실린 사실을 알고 있었을까요. 정말 궁금합니다.

**서양 역사 둘러보기**

1792년 서양에서는 어떤 일이 벌어졌을까? 이때 프랑스에서는 단두대 기요틴guillotine을 만들고 그해 4월에 첫 시범을 보였다. 그리고 성공적으로 작동하자 정식 사형 도구로 승인했다. 프랑스혁명이 한창이던 시절, 프랑스 국민회의는 반혁명 죄인을 고통 없이 죽일 수 있는 방법을 고심했는데, 이때 등장한 것이 바로 조제프이나스 기요탱Joseph-Ignace Guillotin, 1738~1814 박사가 고안한 단두대였다. 프랑스 국왕 루이 16세와 왕비 마리 앙투아네트도 단두대에서 처형당했다. 아이러니하게도 프랑스혁명의 주도자였던 당통과 로베스피에르 역시 단두대의 이슬로 사라졌다. 단두대는 1977년 9월 10일 프랑스에서 마지막으로 사용되면서 역사 속으로 사라졌다.

---

15) 推考. 시말서 작성을 이른다.

# 11

# 유학 군주 정조는 사실
# 불교 신자였다?

: 정조와 수원 용주사 이야기

역사를 공부하다 가장 재미있는 순간은 바로 기존의 시각과는 정반대의 역사적 진실이 나타날 때입니다. 예를 들어 '노론 벽파 수장 심환지沈煥之는 정조의 정적이라고 알려졌는데, 알고 보니 임금의 둘도 없는 심복이었더라' 같은 역사적 진실 말이죠. 그래서 그런지 요즘 불거져 나오는 정조의 이미지 역시 개혁 군주보다는 보수 군주 아니었나, 하는 말까지 나옵니다.

그런데 이런 '보수 군주' '유학 군주'라는 편견을 부수는 재미있는 사실이 하나 있습니다. 바로 정조가 불교 서적을 제작했다는 사실입니다. 〈어제화산용주사봉불기복게御製花山龍珠寺奉佛

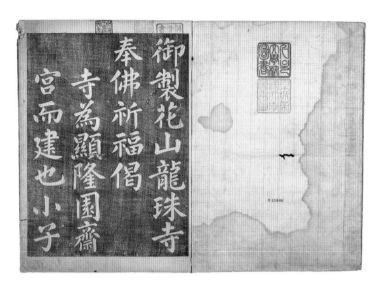

御製花山龍珠寺
奉佛祈福偈
寺爲顯隆園齋
宮而建也小子

**어제화산용주사봉불기복게**

정조가 친히 짓고 쓴 〈어제화산용주사봉불기복게〉의 일부다. 서울대학교 규장각한국학연구원

祈福偈〉라는 글이 있는데요. '임금<sub>정조</sub>이 친히 화산 용주사에 부처를 봉안하고 복을 기원한 게송16)'이라는 뜻입니다. 정조 14년인 1790년, 정조는 아버지 사도세자를 모신 화성 현릉원<sub>顯陵園</sub> 옆에 재궁17)으로 용주사라는 사찰을 중건하고 부처의 은덕을 찬양했습니다. 성리학의 창시자 주희<sub>朱子</sub>와 노론의 스승 우암 송시열<sub>宋時烈</sub>을 존경해 마지않았던 정조가 절을 세우고 아버지의 복을 기원

---

16) 偈頌. 불교에서 부처의 공덕을 칭송하는 시나 노래다.

17) 齋宮. 능 옆에 제사를 지내기 위해 지은 집이다.

하며 부처의 공덕을 찬양했다니! 이게 무슨 일인가 하시는 분이 많을 겁니다. 정조의 글을 한번 읽어보겠습니다.

소자정조가 큰 바다 양만큼의 먹과 수미산 무더기만큼의 붓을 몰래 가져다가 8만 4천 보안 법문의 경의와 교의를 베끼고, 삼가 부처님의 가르침을 받아 게어[18]를 지어 삼업공양三業供養을 드림으로써 은혜에 보답하는 복전福田을 닦으려 합니다.

## 부처를 찬양하는 노래를 짓고 쓴 정조

이 내용만 보면 정조가 유교를 열렬히 신봉한 유학자인지, 부처를 믿는 불자인지 구분하기 힘들 정도입니다. 사실 정조는 불교에 그리 관심이 없었다고 합니다. 정조가 서울 밖으로 행차할 때 보경스님이란 분이 길을 막고 《부모은중경父母恩重經》이란 불경을 바쳤는데요. 효성이 지극했던 정조가 이것을 읽고 크게 감동했다고 합니다. 이를 뒷받침하는 글이 《홍재전서弘齋全書》에도 남아 있습니다.

---

18) 偈語. 부처의 공덕을 찬양하는 노래다.

과인정조은 불승[19]에 대해서는 일찍이 어두운 바였다. 그런데《대보부모은중경》은 게송으로 깨우침이 절실하고 간절한 나머지 중생의 손을 잡고 인도하여 극락에 오르도록 하니, 우리 유교가 조상의 은혜를 갚으며 인륜을 돈독하게 하는 취지와 부절처럼 들어맞는다……

_《홍재전서》 제56권, 〈잡저雜著〉 3

정조는《부모은중경》에서 받은 감동으로 불경에 빠졌는지 부처를 찬양하는 노래까지 지었습니다.

이같이 들었노라
부처님께서 열 가지 은혜를 깨치시고 사람들에게 권하시니
수미산 둘레를 천 바퀴 돌고
경전 만 권을 만들지라도
여덟 종류의 법음[20]으로 대중에게 고하는 것만 못하구나
각각 어버이를 위하여
천상에서 쾌락을 누리도록 일제히 발원하리라

_《홍재전서》 제56권, 〈잡저〉 3

---

19)　佛乘. 부처의 교법이다.
20)　法音. 부처의 말씀이다.

## 어지러운 세상을 불교로 바로잡으려던 정조

　명절이 되면 천문과 역법을 관장하던 관상감観象監에서 의례적으로 달력을 배포했는데요. 정조는 달력과 함께《부모은중경》을 인쇄하고 세간에 널리 반포하라고 어명을 내렸습니다. 부처의 덕이 민간에 미치도록 배려한 것이었죠. 그뿐만 아니라《범우고梵宇攷》도 펴냈는데요. 이는 전국에 산재한 불교 사찰의 연혁과 위치를 소개한 책으로, 조선 시대에 사라진 불교사를 복원하고

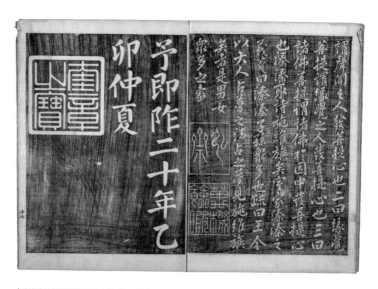

**〈어제화산용주사봉불기복게〉의 규장지보**
'임금의 글을 규장각에서 만들어 반포했다'는 도장인 규장지보(奎章之寶). 글 마지막에 찍힌 '홍재(弘齋)'는 정조의 호를 새긴 도장이고, '만기여가(萬機餘暇)'는 '바쁜 정무 사이 얻은 여가에 쓴 글'이라는 뜻이다. 서울대학교 규장각한국학연구원

연구하는 데 사료적 가치가 뛰어나다고 합니다. 불교 서적을 편찬하는 한편 아버지의 복을 기원하기 위해 무덤 옆에다 절까지 지었으니, 이쯤 되면 정조가 광적인 유교주의자는 아니었던 것이 확실해집니다.

사실 정조가 통치하던 시대는 조선왕조의 번영이 서서히 저물어가던 때였습니다. 광작廣作의 발달로 농촌 노동자가 서울로 유입되고, 상업의 진전으로 부익부 빈익빈의 사회적 갈등과 모순이 이곳저곳에서 나타납니다. 북방에는 도적 떼가 득실거렸고, 남방에는 천주교도가 만연했습니다. 민간에서는 아들이 아버지를 구타하고 며느리가 시어머니를 구박하는 등 유교 사회라고는 믿기 힘든 일이 빈번해졌고요. 조선이란 나라는 사대부에게는 유교 국가지만 백성에게는 여전히 불교 국가였으므로, 정조도 아버지의 복을 빈다는 핑계로 부처의 법력을 빌려 부도덕하고 비윤리적인 문제를 해결하고자 했을지 모르겠습니다. 역시 임금이란 힘든 자리였겠죠? 마지막으로 정조가 부처를 찬양한 게송을 좀 더 읽어보도록 합시다.

다섯째, 복덕은 무량하라

유해乳海의 무량한 복을 초생 때부터 주심이 도마죽위稻麻竹葦와 같이 서로 얽혀 십승十乘의 불국토에 꽉 찼도다.

일곱째, 보살의 원력

여러 세世의 부처님을 다시 모시니, 하나하나가 다 부처님의 정으로 내가 진실됨이 이와 같다는 것을 아니 법력이 가없이 비치는도다.


내 즉위 20년 을묘 5월에 게를 쓰노라予卽阼二十年乙卯仲夏

정조가 아버지 사도세자의 계송을 지은 1796년, 서양에서는 어떤 일이 일어났을까? 이때 프랑스에서는 나폴레옹 보나파르트Napoléon Bonaparte, 1769~1821가 조제핀Joséphine Bonaparte, 1763~1814과 결혼했다. 조제핀은 유복한 귀족의 딸로 미모가 상당했지만, 사치가 매우 심했다. 그녀의 첫 번째 남편은 프랑스 장교인 알렉상드르 드보아르네 자작으로, 그 사이에서 아들과 딸을 낳았지만 결국 이혼했다. 그 후 파리 사교계에서 뛰어난 외모로 명성을 날렸고, 여섯 살 연하인 나폴레옹의 열렬한 구애를 받으며 1796년 3월 9일 결혼했다. 그녀는 여러 남자와 불륜을 이어갔지만 나폴레옹의 관대함으로 무사할 수 있었다. 나폴레옹이 황제로 등극한 후 조제핀의 사치벽은 더욱 심해졌는데, 그녀가 사용한 드레스는 900여 벌, 장갑은 1,000켤레, 구두는 500켤레가 넘었다고 한다.

# 12

## 조선 후기에는
## 흑화한 엘리트가 있었다?

: 세도정치의 옹호자가 된 김이익 이야기

이번에 소개할 주인공 김이익金履翼, 1743~1830은 청음 김상헌의 후
손으로 도덕, 의리, 절개로 이름난 장동壯洞의 안동 김씨 사람입
니다. 세도정치를 연 영안부원군永安府院君 김조순金祖淳의 숙부뻘이
기도 했고요. 그의 등장은 정말 화려합니다. 1785년 알성시謁聖
試에 장원급제하고 단번에 정6품 성균관 전적典籍이란 실직을 부
여받습니다. 임금이 장원급제자에게 성균관 전적이란 큰 벼슬을
내리는 것은 조선 전기부터 있었던 불변의 관례입니다.

그런데 김이익이 장원한 이 알성시는 어디서 많이 들어본
시험 이름 같네요. 바로 〈춘향전〉의 이몽룡이 장원급제하고 특명

으로 암행어사에 제수되었던 그 시험입니다. 여기서 우리 독자 분들은 〈춘향전〉에 거짓된 장치가 하나 있다는 사실을 아실 수 있을 겁니다. 이몽룡이 알성시에서 장원해 곧바로 암행어사에 제수된 것은 역사적 진실에 어긋나는 소설 속의 가정이라는 사실 말이죠. 이몽룡이 성균관 전적을 거치지 않고 곧바로 암행어사에 발탁되는 것은 그저 소설 속에서나 가능한 일입니다.

## 임금에게 대들다가 훅 가버린 김이익

정조 12년1788 혜성처럼 등장한 엘리트 김이익이 제주도 명월진 만호萬戶라는 종4품 무장武將으로 내쳐진, 그야말로 뜻밖의 사건이 발생합니다. 수륙 1,000리를 가야 겨우 도착할 수 있는 변방 가운데 변방으로 좌천된 이유는 무엇이었을까요? 게다가 문관이 무관 직책인 만호에 임명된 사실은 정말 놀라울 따름입니다. 지금으로 치자면 행정고시 재경직 수석으로 경제부처에 들어가 금융위 사무관, 국무총리실 사무관, 청와대 경제수석실 행정관 등 탄탄대로를 거치며 잘나가던 엘리트 재경직 관료가 울릉도나 서해 5도 경비대장으로 발령받은 거죠. 신문에 크게 날 기삿거리가 분명합니다.

이 사건을 밝혀보기 위해 다시 《조선왕조실록》과 《승정원일기《承政院日記》를 찾아보았습니다. 사건 개요는 이렇습니다. 상계군常溪君 이담李湛의 역모 사건이 있었습니다. 이담이 음독자살을 했는데 그 이유가 '연비'라는 여종의 입에서 나온 모호한 사실 때문이었고, 이한창과 조규진이라는 좌우 포도대장이 여종을 족치다가 그만 죽여버렸습니다. 이로 인해 상계군이 음독자살한 이유와 단서가 영원히 사라져버렸죠. 정조는 슬그머니 이 사건을 묻으려고 했는데, 사헌부 대관이 이 사건에 연루된 포도대장들을 당장 삭직削職하라고 요구했습니다. 정조는 그 둘을 다른 자리에 임명했다가 얼마 후 포도대장으로 복직시키려 합니다. 이때 김이익이 홍문관 부교리로 연명 상소의 우두머리가 되어 정조를 공격해요. 홍문관 관원도 사헌부, 사간원과 더불어 언론을 담당한 삼사三司의 관리 중 하나였습니다. 당연히 임금이 잘못한 부분이 있으면 간언할 수 있는 직책입니다.

뿔이 난 정조는 자신을 공격한 주범인 김이익과 송익효에게 비난의 화살을 쏟아부었습니다. 그러고선 김이익은 제주 명월진 만호로, 송익효는 제물포 만호로 임명해 당장 부임하라며 으름장을 놓았죠. 시일 안에 부임하지 못하면 그곳에 유배 보내겠다고 윽박까지 질렀습니다. 승지 조윤대가 임금의 명령을 받들기 어렵다고 말하자, 조윤대마저 백치 첨사僉使로 임명해 변방으로 내쫓아 버립니다. 정조의 불같은 성미를 볼 수 있네요. 자신에게 대항하는 신하들을 이리저리 조련하는 모습도 엿볼 수 있어 재미가 무궁무진합니다.

일은 여기서 끝난 게 아닙니다. 궁중 제사를 진행하는 제관 명단에 시골 변방의 장수로 임명된 김이익, 송익효, 조윤대를 그대로 밀어 넣어버립니다. 그리고 여러 사람에게 조리돌림을 당하도록 창피를 주죠. 참고로 조선 후기의 첨사나 만호라는 무관 자리는 문관이 무부武夫, 무변武弁이라 부르며 무시하던 직책이었습니다. 금관 조복의 문관 가운데 서로가 무시했던 군복을 입은 세 명을 상상해보면 실소를 금치 못할 것 같네요. 물론 해프닝은 여기서 끝나고, 김이익 등 세 명은 조리돌림이 끝난 후 곧바로 원래 직책으로 복귀합니다. 정조의 뒤끝이 얼마나 대단한지 새

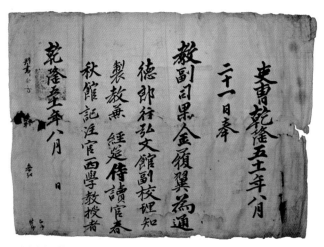

**김이익의 교첩**
홍문관 부교리와 지제교, 경연 시독관, 춘추관 기주관, 서학 교수의 다섯 관직에 임명한다는 내용의 교첩(敎牒)이다. 개인 소장(필자 촬영본)

삼 알 수 있는 대목입니다.

　그런데 정조의 이런 행동은 처음이 아니었습니다. 정조는 규장각 각신이나 초계문신抄啓文臣이 본인 마음에 안 들면 창덕궁 후원에 파놓은 연못에 유배 보내면서 여러 신하의 조롱거리로 삼은 적이 꽤 있었습니다. 다산 정약용도 이런 정조의 장난에 상당히 불쾌했다고 회상하기도 했어요. 그렇다면 김이익은 과연 임금에게 막돼먹은 신하에 불과했을까요?

## 의외로 멀쩡했던 김이익의 과거
───

　그건 아니었어요. 김이익은 조정의 실세를 쉴 새 없이 탄핵했던 심지 굳은 인물이었습니다. 홍문관 교리로 있으면서 영의정 김치인金致仁, 남인 영수 채제공蔡濟恭을 꾸짖었고, 지금의 검찰관 격인 사헌부 장령掌令으로 재직할 때에는 오만방자함이 극에 달했지만 그 누구도 건들지 못했던 성역이자 정조의 스승이었던 우의정 김종수金鍾秀를 공격하는 등, 임금의 복심 또는 권세 있는 고관대작의 잘못된 점을 찾아내 과감하게 탄핵했습니다. 그래서 유배도 몇 번씩이나 다녀왔고요. 장원급제자라는 이력에다 청음 김상헌 및 노가재老稼齋 김창업金昌業의 직손으로 집안 역시 좋아 자부심이 하늘을 찌른 그였기에, 다른 사람들과 달리 언론을 주도할 수 있었죠. 정조도 김이익의 기개를 익히 경험해서 어떤 때는 그가 얄밉기도 했지만, 조정에 꼭 필요한 인재라는 것을 알고 요직에 등용하고 밀어줍니다. 임금의 스승인 김종수를 탄핵한 공로로 승진까지 시키고요. 이런 신하가 하나 있으면 조정 생태계가 건강해지는 법입니다.

하지만 여기서 큰 문제가 발생합니다. 보호막이었던 정조가 급작스레 세상을 떠났어요. 그리고 김이익은 노론 벽파의 공작에 걸리고 맙니다. 벽파의 원수인 시파로 몰려 진도 금갑도에 유배되었는데, 이곳은 그의 할아버지 김수항金壽恒이 사약을 마시고 목숨을 잃은 곳이기도 합니다. 생명이 촌각에 걸린 유배 시절, 김이익은 오히려 몇십 편의 한글 시조와 가사를 남겼습니다. 척박한 우리 한글 문학사에 큰 족적을 남긴 셈이죠. 그중 한 편을 봅시다.

살아도 선왕정조 신하!
죽어도 선왕 신하!

사랑하옵다
선왕의 아드님21)
지금 나의 임금이시다

---

21) 순조를 의미한다.

내 비록 죄명은 지중至重하나

이 마음이야 변할쏜가?


## 선을 넘은 김이익, 세도정치 수호자로 변신하다

현명한 임금이 있을 때는 현명한 신하가 되지만, 현명한 임
금이 사라지면 우둔한 신하가 되는 것일까요? 정조가 승하하고
아들 순조가 등극한 뒤에도 귀양살이를 면치 못한 김이익은 같
은 안동 김씨 김조순이 권력을 잡자 그 일파로 들어가서 뜬금없
이 세도정치의 당위성을 주장하게 됩니다. 여기서 세도정치는
당연히 김조순 주도의 세도입니다. 강한 주인 앞에선 꼬리를 내
렸다가 만만한 주인에게는 이를 드러내고 꼬리를 치켜세우는 것

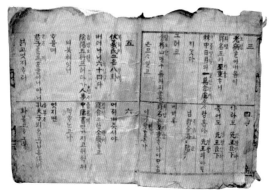

**금강영언록**
김이익이 쓴 한글 시조
집 《금강영언록(金剛永
言錄)》. 유배 도중에 쓴
이 책에는 자신을 발탁했
던 정조에 대한 변함없는
마음을 노래한 가사도 있
다. 김이익 후손가

은 인간이나 짐승이나 다를 바 없나 봅니다. 김이익의 이런 태도 역시 변절이라고 보면 너무 지나친 걸까요? 정조 살아생전 강한 기개를 보이며 노회한 실력자를 탄핵하던 모습은 온데간데없고 권력자에게 아부하는 모습이 참으로 아쉽고 실망스럽네요.

김조순 집권 이후 김이익은 대사헌, 한성판윤, 공조판서, 예조판서, 형조판서, 병조판서 등에 올라 승승장구하다 70세에 벼슬에서 물러나 은퇴했습니다. 그리고 봉조하[22]가 되어 사람으로는 최고의 영예를 누리죠. 경기도 양근으로 낙향해 별장을 지어놓고 아들, 며느리, 손자와 행복하게 살며 천수를 누리다 88세에 세상을 떠납니다. 시작도 좋고 끝도 좋았던 인생이었네요. 임금과 시대를 잘 만났고 시세를 잘 읽어나갔기 때문에 이런 삶을 누릴 수 있었던 것이겠죠.

**서양 역사 돌아보기**

김이익이 장원급제한 1785년, 서양에서는 무슨 일이 벌어지고 있었을까? 1785년 7월 6일, 미국에서는 달러가 통용화폐로 거래되기 시작하였다. '달러dollar'라는 단어는 보헤미아의 요아힘스탈Joachimsthal 은광에서 캐낸 은으로 주조한 '탈러thaler' 화폐에서 유래했다고 한다. 탈러는 품질 면에서 최상급 화폐로 평가를 받아 널리 통용되었다. 이 단어는 유럽 각국은 물론 미국으로도 건너가 '달러'로 변했고, 지금은 미국의 달러화￥로 그 위상과 명맥을 유지하고 있다. 2020년 현재 미국, 싱가포르, 오스트레일리아를 포함한 24개 국가2020년 기준, 군소 제도 제외에서 자국의 통화를 달러로 표시하고 있다.

---

22) 奉朝賀. 종2품 퇴임 관리가 받던 특별 관직으로, 은퇴 후에도 녹봉을 받았다.

# 13

## 첩보 문서를 훔쳐 오던
## 조선판 비밀 요원이 있었다?

: 조선 역관 이야기

서울시 종로구 필운동 88-1번지에는 민속문화재로 지정된 홍건
익洪建翊 가옥이 아담하게 자리 잡고 있습니다. 이 가옥은 구한말
중인이자 통역관이던 고영주高永周, 1839~?의 집터였는데요. 일제
강점기 거부였던 홍건익이 매입한 것입니다.

조선 후기 실무를 담당한 중인은 경복궁 서쪽 인왕산 자락
에 옹기종기 모여 살았습니다. 이곳은 청계천의 위쪽에 해당한
다고 해서 '웃대上村'라고 부르기도 했는데, 고영주의 집터가 있
는 필운동을 비롯해 체부동, 효자동, 사직동이 여기에 해당합니
다. '웃대'와 반대되는 곳으로 '아랫대'가 있는데, 훈련도감 군총

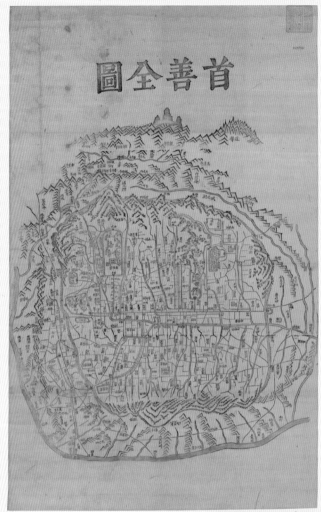

**수선전도**

김정호(金正浩)가 제작한 것으로 추정되는 서울의 옛 지도다. 서울대학교 규장각한국학연구원/중앙도서관

**수선전도 가운데 서촌 중인 거주지**

중인 거주지였던 웃대(상촌). 고영주 형제가 거주했던 필운대(필운동)와 옥류동, 준수방, 인달방, 누각동, 사동 등이 모두 이곳에 있었다. 경복궁 서쪽에 있던 동네들이다.

과 같은 가난한 하급 군인이 모여 살던 빈곤의 터전이었습니다.


## 조선의 재벌이 된 역관

———

대대로 웃대에 거주하던 역관 고영주는 중국어를 능수능란
하게 구사했다고 합니다. 스물한 살이란 젊은 나이에 역과譯科에
도 가뿐히 합격했고요. 사역원司譯院의 통사通事로 동분서주하며
활약하기도 했습니다. 또한 청나라 무역에서 내의원의 약재를
중계하며 큰돈을 벌었다고 합니다.

여기서 우리가 알아야 할 점이 무엇이냐 하면, 조선 시대를
통틀어 정부에서는 실무를 도맡은 역관에게 사행에 필요한 경비
를 제대로 지급하지 않았다는 겁니다. 그 대신에 인삼, 우황 등
을 무역할 수 있는 권한을 부여하거나 관은官銀, 즉 나라 소유의
은괴를 대출해주었습니다. 조선에서 생산되는 물품을 가지고 중
국에 가서 귀한 사치품으로 교환해 돌아오면 수십 배에 달하는
차익을 남길 수 있었거든요. 흥미롭게도 고영주 같은 중국어 역
관만 재벌이 된 게 아닙니다. 일본과 교역한 역관도 시대에 따라
큰돈을 벌기도 했습니다.

숙종 시절 이야기입니다. 국중거부國中巨富로 이름을 날린 변
승업卞承業, 1623~1709은 일본어 역관이었습니다. 그는 청나라와 일

**수계도권(修禊圖卷)**
중인들의 시회(詩會)를 그린 유숙(劉淑, 1827~1873)
의 〈수계도권〉. 중국 왕희지(王羲之)의 난정(蘭亭) 고
사를 모방해 남산에 중인 30여 명이 모인 모습을 묘사
했다. 국립민속박물관

본을 사이에 두고 중계무역을 하여 뜻하지 않게 재벌이 되었습니다. 중국에서 값싸게 들여온 비단 같은 사치품을 왜관을 거쳐 비싼 가격으로 일본에 수출했거든요. 변승업은 막대한 이문을 남겼습니다. 17세기 에도시대 일본 상류층에게 필수적인 재화 중 하나가 중국에서 만든 고급 비단이었기 때문입니다. 고급 비단을 왜은倭銀과 교환해 조선으로부터 수입해 쓸 수밖에 없었던 시절이기에 이처럼 일본 역관은 큰돈을 벌 수 있었습니다.

## 조선판 비밀 요원, 역관

청나라와 조선의 특별했던 대외관계 덕분에 역관은 재능을 한껏 발휘하기도 했습니다. 1637년 인조는 병자호란의 패배로 청나라 황제 홍타이지皇太極에게 세 번씩이나 무릎을 꿇고 아홉 번 절하는 '삼궤구고두례三跪九叩頭禮'의 치욕을 당했습니다. 1644년에는 하늘처럼 믿고 따르던 명나라가 청나라의 흥기로 인해 이자성李自成에게 멸망해버렸습니다. 그래서 청나라는 원수나 다름없었고, 이런 적국청나라의 정세를 탐지하는 것은 조선 정부에 무척 중요한 일이 되었습니다.

당시 조선에는 장현張炫, 1613~?이란 다재다능한 인물이 있었는데요. 그는 통역관 출신으로 소현세자와 봉림대군이 청나라에 볼모로 잡혀갔을 적부터 세자와 대군을 보살폈습니다. 두 왕족을 보호하기 위해 절치부심한 통역관 장현은 청나라 인사들에게 접근해 친분을 나누고 거대한 인맥을 구축했는데, 그가 만든 인적 네트워크는 결과적으로 청나라의 정세를 탐지하는 데 큰 도움이 됩니다. 참고로 장현은 그 유명한 장희빈의 당숙이기도 해요.

인질로 붙잡혔다가 돌아온 봉림대군은 왕위에 오르자효종 청나라 몰래 무과 급제자 수천 명을 선발했습니다. 요충지에는 여러 산성도 재보수했고, 어영청御營廳을 중심으로 군병을 확보해 정예병을 조련하기도 했습니다. 이렇듯 국방력 증강에 힘쓰던 효종은 청나라 정세를 탐지하기 위해 중국에 장현을 자주 보낸 듯합니다. 이런 장현의 비밀스러운 임무는《비변사등록備邊司謄錄》과《조선왕조실록》에서도 확인됩니다.

특진관 목내선睦來善이 아뢰었다. "신이 작년에 연경燕京에 갔을 때 역관을 시켜서 청나라의 사정을 자세히 조사하였습니다. 역관 장현, 김기문, 방이민, 김진립 등이 사재인 은화를 많이 소비하며 적국의 사정을 탐지하였으니 격려하고 권장하는 수단으로 상 주는 일이 있어야 하겠습니다."

_《비변사등록》숙종 1년 4월 23일

목내선이 아뢰기를 "역관 장현은 청나라 사람이 내각內閣에 비밀리에 보관하던 문서를 얻어왔으니 당연히 품계品階를 올려주어야 합니다."

_《숙종실록》20권, 숙종 15년 윤3월 13일 경술 2번째 기사

여기서 연경은 중국의 수도인 북경北京, 베이징을 말합니다. 이곳에서 장현은 막대한 은화를 소비하면서 청나라의 정보를 입수했습니다. 청나라 관리를 매수하여 궁궐 깊숙이 숨겨둔 내각 문서를 종종 훔쳐오기도 합니다. 조선에서는 제조가 금지된 홍이포紅夷砲, 서양 대포 25문을 몰래 들여오려는 시도도 했습니다. 장현이 사실상 조선의 비밀 요원이었음이 드러나는 대목입니다. 이런 정세 탐지는 장현에서 끝나지 않습니다.

## 러시아의 극비문서를 빼내오다

———

숙종 12년인 1686년 11월 22일, 연행燕行에서 돌아온 정사正使 남구만南九萬, 1629~1711이 숙종을 알현하며 북경에서 있었던 일을 보고합니다. 이때 낯선 서양 문자가 기록된 문서 한 부를 숙종에게 바치는데요. 바로 러시아 문서였습니다. 남구만이 문서를 얻게 된 연유는《승정원일기》에서 비교적 상세히 찾아볼 수 있습니다.

남구만은 러시아를 '아라사俄羅斯'라고 칭했는데, 북해 밖에 있는 나라라고 언급한 뒤 여러 도로가 북해 변두리에 있어 서역과도 접한다며 지리적 위치를 상세히 설명합니다. 이어 "러시아 사신이 북경에 온 후 숙소에 머물고 있었는데, 청나라 접반사接伴使가 강희제의 말을 전하는데도 그 사신은 무릎을 꿇어 부복하지 않았습니다"라고 말했습니다. 여기서 남구만이 전달하는 러시아 사신의 말과 행동이 자못 흥미롭네요.

우리 나라러시아에도 임금이 있는데 황제와 동격이다. 만일 내가 친히 황제를 뵙지도 않는데 이렇게 무릎을 꿇어 배례하는 것은 부당하다.

강희제는 이 소식을 듣고 화가 나서 러시아 사신을 쫓아 보내려고 했는데요. 다행히 북경에 말이 통하는 서양 선교사가 있어 그 사신을 보기 좋게 타일렀고, 사신은 비로소 황제의 어명을 따랐다고 합니다. 천고일제千古一帝, '천 년에 한 번 나오는 황제'라 불리는 강희제의 위엄에도 무릎을 꿇지 않던 러시아 사신의 행동에 남구만은 깊은 인상을 받았는지, 그가 청나라에 바친 외교문서를 탐내기 시작합니다. 혹여 무슨 볼만한 것이 있을까 싶은 마음에 역관을 시켜 청나라 관원에게 몰래 뇌물을 주고 가져오게 했어요. 이렇듯 역관이 비밀리에 입수해 조선으로 들여온 것이 바로 남구만의 러시아 외교문서였습니다.

여기서 우리는 중요한 사실 하나를 재빨리 이해해야만 합니다. 모든 언행과 행동이 남구만을 중심으로 기록되었지만, 사실은 그렇지 않다는 것 말입니다. 남구만은 사신단의 수장인 정사

**남경조약 체결 기념 기록화**
1842년 8월 29일 남경(南京, 난징)에서 청나라와 영국이 맺은 남경조약 기록화. 이 조약을 통해 홍콩이 영국에 할양되고 상해(上海, 상하이)가 개항되었다. 1차 아편전쟁은 막을 내렸고, 중화제국으로 불리던 청나라가 종이호랑이였음이 만천하에 드러났다. Royal Collection Trust

였기 때문에 북경을 자유롭게 구경하거나 오갈 수 없는 처지였습니다. 그저 숙소에 앉아 밖에서 전해오는 일에 대해 최종적인 결정과 판단만을 하는 위치였죠. 그렇다면 이런 러시아 사신의 행동과 청나라 황제의 노여움 등은 누군가가 전해준 이야기임이 분명합니다. 전해준 이들은 과연 누굴까요?

그들 역시 역관이었을 겁니다. 역관이 러시아의 여러 정보를 입수하여 남구만에게 전해주었고, 남구만은 다시 정책적인 판단으로 역관에게 명령을 내려 러시아 문서를 빼오도록 했던 것입니다. 첩보 요원으로서 실무 역할을 무리 없이 수행했으니 역관의 수완은 정말로 대단한 듯합니다.


## 국제 정세를 정확히 파악한 선각자, 역관

이렇듯 중국을 오고 가던 역관은 시대의 선각자이기도 했습니다. 바깥세상이 어떻게 돌아가는지 일찍부터 알고 있었기 때문입니다. 18세기 이후부터 서양 문명이 동양 문명을 압도하기 시작합니다. 기술 문명에서 중국은 서양 제국의 상대가 되지 못했습니다. 건륭제 말기부터 청나라의 쇠퇴 조짐이 보이면서 각 지방에는 도적 떼가 횡행했습니다. 1840년에는 아편전쟁을 시작으로 서양 제국이 청나라를 집중 공격하면서 중화 문명으로 대변되는 동아시아의 안보 환경도 요동치기 시작합니다. 이런 국제 정세는 중국을 오가던 역관을 통해 조선으로 재빠르게 전파되기도 했지만, 조선 정부에서는 별다른 내색이 없었어요.

이렇듯 강건성세로 불리며 승승장구하던 청나라의 치세도 막바지에 다다라서 가경제嘉慶帝 시절에는 백련교도의 난, 계유지변23), 임청의 난 등 각종 난리가 발생합니다. 하지만 청나라 조정은 각지의 군사를 징발하여 겨우겨우 변란을 진압했어요. 솥 안에 익어가는 개구리 신세였지만, 무능한 황제와 고관은 제대로 된 후속 조치를 내놓지 못했습니다. 백성의 고달픔은 이전보다 더해져갈 따름이었죠. 가경제와 도광제道光帝 시절부터 청나라의 쇠락이 거듭되었다는 '가도중쇠嘉道中衰'라는 사자성어가 왠지 수긍이 가는 대목입니다.

한편 조선 사신단을 수행하던 역관은 청나라의 정세를 살피고선 〈견문사목見聞事目〉이라는 보고서를 임금에게 올렸습니다. 그들은 〈견문사목〉을 통해 자금성에서 일어난 황제의 은밀한 사생활뿐만 아니라 길거리에서 벌어진 민간의 사소한 이야기까지 다양하게 보고했습니다. 아편에 찌든 중국인의 생생한 모습과 앞으로 다가올 서양과의 전쟁 분위기를 감지했을 만큼 정보의 순도도 높았어요.

---

23) 1813년 계유년에 백련교의 일파인 천리교도가 자금성을 습격한 사건이다.

하지만 이런 정보활동에도 불구하고 현실적으로 그들의 목소리는 정책에 반영되기 어려웠습니다. 역관은 정책 결정자가 아니라 어디까지나 실무를 담당한 하급 관리였기 때문입니다. 사대부가 독점하던 정책 결정 과정에 현실적으로 끼어들기는 어려웠을 겁니다. 안타깝게도 역관은 요동치는 국제 정세를 인식할 뿐이지, 조선 사회를 개혁할 힘은 없었습니다.

**서양 역사 돌아보기**

조선 역관이 러시아 외교문서를 빼오던 1686년, 서양에서는 어떤 사건이 일어났을까? 이때 독일에서는 물리학자 파렌하이트(Daniel Gabriel Fahrenheit, 1686~1736)가 태어났다. 파렌하이트는 지금도 사용되고 있는 화씨온도계의 창시자다. 원래 그는 과학 기계를 제작하던 기술자였는데, 밀도계(密度計)와 양수(揚水) 펌프 등을 제조하면서 여러 가지 물질의 밀도, 끓는점, 팽창률 등을 측정했고, 그 덕분에 오늘날 사용되는 화씨온도 눈금(°F)이 생겼다.

# 14

# 100만 조회 수를 기록한
# 유튜브 화제작이 《훈민정음》이다?

: 시대와 함께 변화한 우리글 이야기

'야민정음'이 유행입니다. 멍멍이를 '댕댕이', 피가 거꾸로 솟는
다를 '피꺼솟'으로 부르고 있습니다. 한글을 창제한 세종대왕은
'세종머왕'으로 친근하게 부르기도 합니다. 인터넷 문화의 유행
과 소셜네트워크SNS의 발달로 나타난 현상이지요. 어떤 분은 야
민정음의 유행을 언어의 오염, 한글의 파괴 행위라고 비난합니
다. 과연 그럴까요? 이런 언어유희는 표음문자表音文字 한글을 시
각화해 보여준다는 점에서 오히려 글자의 진보를 보여준다고 할
수 있지 않을까요? 언어는 사회성과 역사성을 모두 끌어안고 항
상 변화하는 존재입니다. 그래서 옛날 고대 언어는 해석하기도

힘들죠. 세상에 불변하는 것은 없습니다. 언제나 변하면서 돌고
도는 법입니다.


## 유튜브 화제작이 된 《훈민정음》 서문

　　유튜브 인기 영상이 하나 있습니다. 《훈민정음》 서문을 15
세기식으로 발음하는 충남대 교수님의 영상입니다. 조회 수가
100만이 넘을 정도라는 것은 몇백 년 전 실제 언어 사용이라든
가 습관에 대해 궁금한 부분이 그만큼 많다는 방증일 테지요. 그
렇다면 교수님이 발음했던 《훈민정음》 서문 내용을 한번 보도록
합시다!

　　나랏말싸미 듕귁에 달아 문짜와르 서르 사맛띠 아니할싸이, 이런
　　전차로 어린 바익성이 니르고져 홀빠이셔도, 마참나이 저이 뜨들
　　시러펴디 몯할 노미 하니라. 나이 이럴 위하야 어엿삐 너겨 사이
　　로 스물여듧짜랄 마잉가노니, 사람마다 하여 수비 니겨 날로 쑤메
　　뻔안킈 하고져 할 따라미니라.
　　　　　　　　　　　　　　　　　____ www.youtube.com/watch?v=NaZLu9D2BI8


　　중세국어의 자형을 보면 얼핏 야민정음과 비슷해 보이기도

합니다. 마치 지금의 중국어처럼 알아들을 수가 없을 정도예요. 사실 중세어인 15세기 국어는 현대어와 많은 차이가 있습니다. 중세어는 현대어보다 문법이 훨씬 복잡했습니다. 오늘날에는 존재하지 않는 자음과 모음도 많았고, 중국어처럼 거성이나 평성 같은 성조聲調도 있었습니다. 경상도 사투리처럼 악센트가 있었던 것이죠. 학자들의 견해에 따르면 21세기를 살아가고 있는 현대인이 15세기 세종대왕이 살아 계시던 시절로 돌아간다면, 아마도 언어 소통이 잘되지 않을 것이라고 해요. 그렇다면 17세기는 어땠을까요? 현대인과 서로 대화가 가능했을까요? 여기에 대한 답은 현종 대에 만든 《노걸대언해老乞大諺解》의 내용으로 말씀드릴 수 있을 것 같습니다.

## 중국어 학습교재 《노걸대언해》

《노걸대언해》는 사역원이라는 조선 시대 관청에서 만든 학습교재입니다. 사역원은 본래 외국어를 학습하는 역관이 근무하던 기관으로, 역관 교육을 위해 만든 책이 바로 《노걸대언해》입니다. '노걸대老乞大'는 우리말이 아니라 중국어로, 노老는 '늙은 사람'을, 걸대乞大는 '어른'을 의미합니다. 그러니까 노걸대는 '나이든 어른'이라는 뜻의 중국어 존칭으로 볼 수 있습니다. 여기서 중요한 대목이 하나 있는데, '언해諺解'라는 단어입니다. 언해는 '한글로 풀이했다'는 말이므로 《노걸대언해》는 중국어를 한글로 번역해서 만든 학습교재였다고 보시면 됩니다.

이 고문서는 유학기劉學基라는 역관 응시자의 시험지입니다. 여기에는 유학기가 치렀던 응시 과목도 보이는데, 이 중 《노걸대》와 《박통사朴通事》는 역관이 배우던 중국어 학습서이자 역관 응시자의 필수과목이기도 했습니다. 유학기는 《노걸대》에 나오는 내용 중 '이전에 또 한 나그네가 있어⋯⋯ 배불리 먹고 가는가?'까지 암기하고 해석하는 시험을 보았습니다. 그리고 '조粗'라는 평

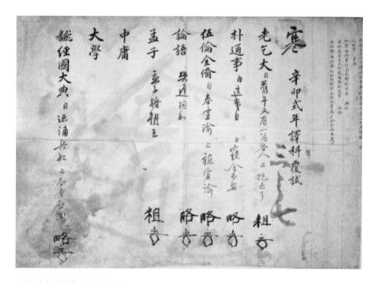

**조선 시대 역관 응시생의 시권**
시권(試券)은 시험지를 뜻한다. 응시 과목에 《노걸대》가 보인다. 과목 밑에는 응시자가 외워야 할 대목이 표시되어 있다. 개인 소장(필자 촬영본)

가를 받았는데, 지금으로 치면 수, 우, 미, 양, 가 중 '미'에 해당하는 성적입니다. 역관 시험이 그리 쉬운 게 아니었나 보네요.

《노걸대》는 지금으로 말하자면 해외여행과 비즈니스에 필요한 회화를 상황별로 총정리한 것입니다. 고려 말에 활동했던 고려 상인이 사촌 형제와 함께 북경으로 가서 우리나라 토산물인 말, 인삼, 모시, 삼베 등을 교역하고, 다시 중국에서 고려에 팔만한 물건을 사오는데요. 여기서 발생하는 여러 상황을 중국어

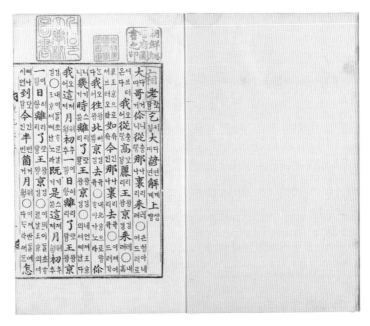

**노걸대언해**
고려 시대부터 내려오던 중국어 학습서로, 중국어 독음을 한글로 달고 해석했다. 책의 내용은 당시 행상인이 일상적으로 쓰던 비즈니스 회화를 엮은 것이다. 서울대학교 규장각한국학연구원

회화로 어떻게 대처하는지 생생히 알려주고 있습니다. 그럼 어떤 내용이 있는지 한번 보도록 합시다! 한어漢語는 제외하고 당시 쓰인 중세 한국어만 싣도록 하겠습니다.

가: 큰형아! 네 어드러로셔 브터온다?

큰형님! 당신은 어디서부터 오셨습니까?


나: 내 고려 왕경으로셔 브터오롸.

나는 고려 왕경으로부터 왔다.


가: 이제 어드러 가는다?

이제 어디로 가십니까?


나: 내 북경으로 향하야 가노라.

나는 북경을 향해 간다.


가: 네 언제 왕경의셔 떠난다?

당신은 언제 왕경에서 떠나십니까?


나: 내 이달 초 하란 날 왕경셔 떠나노라.

나는 이달 초하룻날에 왕경에서 떠난다.

## 현대인과 조상님이 대화한다면?

―――――

  《노걸대언해》를 읽어보면 앞에서 본 15세기《훈민정음》서
문과 비슷하다고 느끼실 겁니다. 17세기 중·후반만 해도 중세국
어의 흔적이 남아 있어 알아듣기는 어려웠을 듯싶네요. 개인적으
로《노걸대언해》에 나온 17세기 한국어는 지금의 제주 사투리를
듣는 듯한 난이도가 아닐까 생각합니다. 몇십 년 전만 하더라도
서울 사람이 제주도를 방문하면 제주 토박이의 사투리를 거의 알
아들을 수 없었거든요. 섬이라는 폐쇄적인 지형상의 특성으로 중
세국어의 흔적이 제주 사투리에 남아 있었기 때문입니다.
  잠시 재미있는 이야기를 해드린다면, 18세기까지만 해도 제
주 안에서조차 지역마다 사투리가 서로 달랐답니다. 제주는 옛
날부터 제주목, 대정현, 정의현의 삼읍三邑으로 나뉘었는데, 그중
에서도 정의현의 사투리가 가장 심했습니다. 서울에서 부임한
제주 목사가 제주목의 사투리는 알아들어도 남쪽 시골에 살던
정의현 백성의 말은 알아들을 수 없을 정도였어요. 제주에서 오
래 살던 향리가 통역해주어야 백성의 하소연을 이해할 수 있었
으니, 제주 사투리가 그 정도로 심했습니다.
  다시 본론으로 돌아가 봅시다. 그렇다면 19세기는 어떨까
요? 200년 전 우리 조상과 대화는 가능할까요? 그에 대한 해답
은《수사록隨槎錄》에서 찾아볼 수 있겠습니다.

《수사록》은 1831년 한필교韓弼敎, 1807~1878라는 선비가 남긴 연행 일기입니다. 여기에는 북경으로 연행을 떠난 한필교를 모시던 한족 출신 중국인 마부와의 대화가 수록되어 있어요. 마부의 이름은 서대였는데, 그는 우리말을 조금 할 줄 알았습니다. 그래서 어설프나마 한필교와 대화가 가능했죠.《수사록》에는 다음과 같은 이야기가 나옵니다.

서대를 불러서 중국어로 묻기를 "담배 줄까?"라고 하자, 서대가 우리말로 대답하기를 "좋지! 좋지!茟治茟治, 조치조치"라고 하여 내가 웃으면서 그에게 담배를 주었다. 서대가 두 손으로 받으며 말하기를 "담뱃대 없어!淡盃大業西, 담배대업서"라고 하여 크게 웃었다.

간혹 약과나 어물을 서대에게 주면, 서대가 맛있게 먹고 나서 매양 손으로 발을 걷어 올린 채 웃으며 말하기를 "배고파盃古把"라고 하였다. 또 묻기를 "노야24)께서는 왜 똥시東西를 먹지 않습니까?"라고 하였다. '똥시'라고 한 것은 북쪽 사람들이 물건을 통칭하는 말이니, 그가 나에게 음식을 먹도록 권하거나 맛있는 것을 나누어 주기를 바랄 적에 하는 말이다. (중략)

---

24) 老爺. 어른을 높여 부르는 말이다.

(도시락을 훔쳐 먹은) 서대가 이내 몸을 날려 수레에서 내려와서는 땅에 무릎을 꿇고 머리를 조아리며 말하기를 "천 리 고생길에 배가 고팠던지라, 찬합 안의 음식이 너무 맛있어 소인이 다 먹었소小人伊多無巨所, 소인이다무거소. 노야께서는 용서해주십시오, 용서해주십시오"라고 빌었다.

중국인 서대가 우리말로 발음했던 "조치조치" "담배대업서" "소인이다무거소" 등은 오늘날 우리가 들어도 다 이해할 수 있습니다. 이처럼 한자를 음차해서 적은 대화 내용이 지금 현대어와 별반 차이가 없는 것을 보면, 200년 전 조선 사람이 오늘날 현대에 오더라도 일상생활은 가능할 것 같네요. 17세기 중·후반까지만 해도 이해하기 힘들었던 옛 한국어가 19세기에 와서는 현대 국어와 비슷해진 것이 고문헌을 통해 밝혀진 셈입니다.

# 15

## 베트남에서 유명 인사가 된
## 조선인이 있었다?

: 베트남 문인과 조선 선비의 기이한 만남 이야기

한국인 박항서 감독이 베트남 축구 역사에서 연전연승을 거두며 2002년 한국에서 히딩크 감독이 누렸던 명성을 이어받고 있습니다. 그런데 말입니다. 무려 400여 년 전에 박항서 감독과 같이 베트남에서 명성을 떨친 인물이 있었다면 믿으시겠습니까?

《지봉유설芝峯類說》의 저자 지봉芝峯 이수광李睟光, 1563~1628이 바로 그 주인공입니다. 이수광은 조선의 사절단으로 여러 차례 중국에 다녀왔는데, 그곳에서 베트남 사절단을 만나 반짝반짝 빛나는 실력으로 시문을 주고받았습니다. 이런 일화로 이수광은 베트남에서 큰 명성을 얻었죠. 예로부터 베트남은 중국과 지리적으로 가까운 나라였습니다. 게다가 우리나라와 같이 한자 문화를 공유하는 흔치 않은 나라인지라, 고려 시대부터 한자를 통한 문화 교류가 적지 않았습니다. 양국 사신단이 중국에서 만나 교류한 흔적이 문헌 속에 고스란히 남아 있어 이러한 추정이 가능한 것입니다.


## 베트남이 기억하는 고려

─────

　　베트남에서 전해오는 이야기입니다. 1308년 고려 충선왕 시절, 원나라로 사행을 떠난 고려 사신단은 북경에서 원나라 황제를 알현하다가 때마침 베트남 사신단을 접하게 됩니다. 원나라 황제는 고려와 베트남, 두 나라의 문학 실력이 궁금해서 시문 대결을 벌이도록 황명을 내렸습니다. 베트남의 대표는 베트남이 자랑하는 유학자 막정지莫挺之(막딘찌), 1280~1346였고, 고려 대표는 이름을 알 수 없는 학자였습니다. 이 대결을 지켜보는 사람은 원나라 황제만이 아니었습니다. 각국의 여러 사신단도 이 재미있는 광경을 흥미롭게 바라보고 있었어요. 당시 원나라 수도 북경은 국제적인 도시로 세계 각국의 사신과 상인이 붐비는 곳이었습니다. 그래서 이름도 '대도大都, great city'였고요. 각양각색의 인종이 오갔다고 하니 이런 표현이 충분히 가능했을 듯합니다. 이번 대결은 그야말로 베트남이나 고려 모두 나라의 자존심을 건 국가대표전이나 다름없었습니다.

황제가 운을 던지고 대결은 시작되었습니다. 베트남의 막정지가 먼저 한 수를 지어내어 공격합니다. 고려 사신은 막정지의 시에 응답해 멋들어지게 방어했지요. 라운드는 수차례 진행되었고, 누구 하나 물러서지 않는 막상막하의 실력이 계속되었습니다. 황제는 이마에 손을 짚고 머리를 이리저리 흔들며 고민하다 결국에는 고려가 아닌 막정지의 손을 들어주었습니다.

그 이유가 꽤 재미있습니다. 막정지는 베트남 말고도 원나라에서까지 과거 급제한 수재였기 때문입니다. 원나라의 인재라서 팔이 안으로 굽었던 걸까요? 따지고 보면 고려도 원나라의 부마국이었는데 말이죠. 씁쓸한 패배가 아닐 수 없습니다. 어쨌든 고려 사신을 이긴 막정지는 그야말로 베트남의 영웅이 되었다고 합니다. 승리의 이야기가 700년이 지난 지금까지 베트남 사람들의 입에 회자될 정도로요. 막정지 일화 말고도, 우리나라와 관련해 베트남에서 전해오는 또 하나의 이야기가 있습니다. 바로 풍극관馮克寬(풍칵코안), 1528~1613과 시문을 주고받은 지봉 이수광의 일화입니다.

安南國夷官

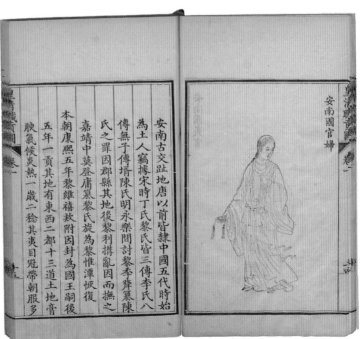

安南國官婦

安南古交趾地唐以前皆隸中國五代時始
為土人竊據宋時丁氏黎氏皆三傳李氏八
傳無子傳壻陳氏明永樂間討黎季犛纂陳
氏之罪因郡縣其地後黎利搆亂因而撫之
嘉靖中莫登庸纂黎氏旋為黎惟潭恢復
本朝康熙五年黎維禧欵附因封為國王嗣後
五年一貢其地有東西二都十三道土地膚
腴氣候炎熱一歲二稔其夷目冠帶朝服多

**황청직공도 안남국사관**
건륭제 시절 청나라와 외교
관계를 맺었던 나라를 소개
한 《황청직공도(皇淸職貢
圖)》의 안남국(安南國, 베트
남) 관리와 부인의 모습이
다. 서울대학교 규장각한국
학연구원

## 50일 동안 같은 숙소에서 지낸 이수광과 풍극관

―――

　　1597년 서른다섯의 이수광은 중국 황실에 상사喪事가 있을 때 파견했던 진위사陳慰使의 우두머리가 되어 명나라로 갑니다. 이때 베트남의 사신이자 일흔 살의 늙은 선비 풍극관을 만나죠. 적극적으로 상대에게 다가간 사람은 다름 아닌 이수광이었는데, 여기엔 그만한 이유가 있었습니다.

　　이수광은 7년 전에도 성절사聖節使 서장관의 직함을 띠고서 중국에 간 적이 있었는데요. 당시에도 베트남 사신을 만났지만, 먼발치서 우두커니 바라보았을 뿐 말 한 마디 붙여보지 못했습니다. 조선으로 돌아온 후에 선조 임금을 알현하면서 베트남 사신을 보았다는 말을 꺼내자, 선조는 베트남이 어떤 나라인지 물어봅니다. 그들과 단 한 번도 대화를 해보지 않았기 때문에 이수광은 꿀 먹은 벙어리가 될 수밖에 없었습니다. 선조는 그를 질책했고, 이수광은 부끄러웠습니다. 그래서 7년 후 이루어진 풍극관과의 만남에서는 이전과 달리 먼저 다가가 말을 걸었던 겁니다. 이수광의 베트남 탐색은 집요했어요! 무려 50일을 같은 숙소에서 머물며 베트남의 풍속, 문물, 역사와 정치에 대한 정보를 알아낸 것입니다. 베트남에 대한 지식을 어느 정도 얻자, 이수광은 이를 글로 풀어낼 정도로 자신감을 갖게 되죠. 이러한 반전은 풍극관에게 준 그의 시에서도 확인됩니다.

만 리나 떨어진 장기瘴氣 서린 나라로부터 와서
저 멀리 거듭된 통역으로 군왕을 알현하네

한나라 시절 새로운 구리 기둥을 세운 지역이며
주나라 때는 조공을 바치던 옛날의 월상국越裳國이라오

산은 기이한 형상으로 나타나니 코끼리 상아가 넉넉하고
땅은 영험한 기운을 뿜어내어 용향을 생산하는구나!

지금 중국에 와서 신성한 황제를 만나니
천년이 지나도록 바람 잠잠하고 큰 파도 없으리

이수광은 시에서 베트남을 '장기 서린 나라'라고 말합니다. 여기서 '장기'는 축축하고 더운 땅에서 일어나는 독한 기운으로 바다 근처에서 흔히 퍼지는 풍토병입니다. 베트남이 남중국해와 접한 나라라 이같이 이야기한 것이죠. 게다가 중국과 언어가 다르고 유능한 통역관도 없어서, 베트남어를 잘하는 중국인 역관을 데려다 놓고 두 번씩이나 말을 거친 뒤에야 소통을 할 수 있었던 열악한 상황도 언급합니다.

그뿐만이 아닙니다. 한나라 시절 복파장군伏波將軍 마원馬援이 베트남을 정벌하던 일화도 떠올립니다. 마원은 베트남을 정복한 뒤 구리 기둥 두 개를 세우고선 두 나라의 경계를 지었더랬죠. 총명한 이수광이 이를 기억해내고 시에다 읊조렸습니다. 자신감이 붙은 이수광은 역사를 더욱 거슬러 올라가 머나먼 주나라 시절의 일까지 떠올립니다. 당시 월상국이던 베트남이 주나라에 와서 흰 꿩을 바친 사실을 풀어낸 것이죠. 베트남의 대표적 토산물인 상골象骨, 상아과 용향龍香, 고래기름이 고급스럽다는 말도 빼놓지 않습니다. 사실 그는 풍극관에게 용향을 선물 받아 몸에 바른 적이 있는데 향기가 좋아 무척 감탄했어요. 시에 언급된 내용 전부는 다름 아니라 이수광이 보고 듣고 겪은 이야기였습니다. 그 내용은 이수광의 저서 《지봉유설》에서도 확인할 수 있습니다.

이수광이 풍극관에게 준 여러 시는 나중에 풍극관의 문집을 만들 때 고스란히 수록되었습니다. 문집이 베트남에서 출간되자 난리가 났다고 합니다. 수많은 베트남 유생이 앞다투어 이수광의 시를 암송하기 시작했던 것이죠. 자국의 역사를 이토록 소상하게 노래해준 외국인은 없었기 때문입니다. 한마디로 베트남 사람들의 기를 살려준 것이에요. 이수광의 시를 외우지 못하면 문인으로서 부끄러울 지경이었습니다. 시간이 흘러 이수광은 그의 호를 딴 '이지봉李芝峯'이라는 이름으로 불리면서 베트남 사람들에게 더욱더 깊은 존경을 받게 되는데요. 이렇게 베트남의 영웅이 된 이지봉은 조완벽趙完璧이라는 사람에 의해 다시 조선으로 전해집니다.

## 베트남에서 이수광의 명성을 들은 조완벽 일화

----

1597년 정유재란 당시 일본에 포로로 잡혀간 조완벽이라는 사람이 있었습니다. 그는 해외무역을 주로 하던 교토 상인의 몸종이 되었는데요. 조완벽이 한문에 능숙한 것을 알게 되자, 일본인 주인은 문필 업무를 담당케 했습니다. 당시 일본은 조선과 달리 상업이 발달했고, 여러 나라와 교역하며 부를 쌓았습니다. 교역국 가운데에는 안남국, 즉 베트남도 있었고요. 조완벽은 주인을 따라 머나먼 베트남까지 가게 됩니다. 그곳에서 자신이 조선 사람이라고 말하자, 베트남 상인들이 지봉 선생<sub>이수광</sub>을 아느냐고 물었던 거예요.

조완벽은 어린 나이에 왜군에게 포로로 끌려갔기 때문에 이수광의 존재를 전혀 몰랐습니다. 게다가 '수광'이라는 본명이 아닌 '지봉'이라는 호를 갖다 붙여 '이지봉'이라 불렀으니, 더욱 알 길이 없었을 겁니다. 일본인 주인을 따라 베트남 고관의 연회에 참석한 조완벽은 그 자리에서 이수광의 시문을 보게 됩니다. 베트남 고관이 그가 조선인이라는 사실을 알게 되자 흔쾌히 보여준 것이죠. 붉은 비점<sub>批點</sub>이 책 곳곳에 찍힌 것을 보니 한두 번 펼친 게 아니었고, 어린아이 다루듯이 매우 소중히 여기며 시를 외운 흔적이 다분했어요.

이 책은 조선 문인 이지봉의 시집인데, 지봉 선생의 시는 우리 나라 유생 모두가 외우고 있다.

조완벽에게 베트남 고관이 넌지시 건넨 말입니다. 그 말이 진짜인지 가짜인지 확인하기 위해 조완벽은 베트남 유생들에게 정말 이지봉의 글을 외우는지 물어보았어요. 대답은 "YES"였습니다. 베트남 사람들 역시 조완벽에게 다가가 이지봉에 대해 끈질기게 물어보았습니다. 하지만 이지봉이 누군지 몰랐기 때문에

**《지봉유설》〈외국〉편 가운데 안남국**
이수광의 《지봉유설》〈외국〉편. 오늘날 베트남인 안남국에 대한 설명이 보인다. '안남국은 중국의 서남쪽에 위치하며 북경에서 1만 3,000리나 떨어져 있다. 진나라 대에는 상군(象郡, 코끼리 나라)이라 했고, 한나라 대에는 교지군(交趾郡)이라 불렀다.' 서울대학교 규장각한국학연구원/ 중앙도서관

조완벽은 제대로 답하지 못했습니다. 그때마다 베트남 사람들은 실망한 표정을 감추지 못했고, 조완벽 역시 날이 갈수록 이지봉에 대한 궁금증이 폭발했습니다.

몇 년이 지나 자유의 몸이 되어 고향으로 돌아온 조완벽은 베트남에서 들었던 이지봉의 명성을 조선 팔도에 퍼뜨리기 시작합니다. 재미있는 사실은 그때까지 이수광이 생존해 있었다는 거예요. 당연히 조완벽이 겪었던 일화가 그의 귀에도 들어갔고, 이수광은 그 이야기가 흥미로웠는지 《지봉유설》〈이문〉[25] 편에 〈조완벽전〉이란 제목으로 엮어놓았습니다. 아마도 깨알 같은 자기 자랑이었겠죠.

이렇듯 베트남과 우리나라의 특별한 인연은 생각보다 그 역사가 깁니다. 같은 한자 문화권에, 중국이라는 나라를 매개로 꾸준한 접촉이 있었기 때문이죠. 이런 인연은 우연한 것이 아니기에, 지금 다시 이어진 양국의 두터운 우정이 계속되길 바랍니다.

**서양 역사 돌아보기**

이수광이 풍극관을 만난 1597년, 서양에서는 어떤 사건이 벌어졌을까? 이때 스페인의 유명한 극작가 세르반테스 사아베드라가 금전 문제로 석 달이나 세비야의 감옥에 갇혀 있었다. 그는 이 감옥에서 글을 한 편 쓰기 시작했는데, 이것이 그 유명한 《돈키호테》다. 《돈키호테》 서문에는 '(이 이야기는) 온갖 슬픈 소리가 들리고 모든 불편함이 있는 감옥에서 만들었다'라고 적혀 있는데, 그 불편한 시기가 바로 이 시절이었다.

---

25) 異聞. '기이한 이야기를 듣다'라는 뜻이다.

# 16

## 조선 사신은 왜
## 그들의 옷소매를 잡아당겼을까?

: 베트남 사신을 만난 조선 사신 이야기

이수광 말고도 조선 사신이 베트남 사신과 만난 기록은 하나 더 확인됩니다. 1760년영조 36 경진년에 홍계희洪啓禧, 1703~1771는 동지사冬至使 정사로 임명되어 북경으로 연행을 떠납니다. 그곳에서 려귀돈黎貴惇(레뀌돈), 1726~1784이라는 베트남의 젊은 인재 한 명을 만나는데요. 그는 베트남 레黎 왕조의 명망 높은 학자로, 글을 매우 좋아하는 문인이었던 듯합니다. 그가 남긴 저술이 정말로 많은데, 놀랍게도 그 가운데에는 조선 사신과 만나 시를 주고받은 기록을 적어놓은 책도 발견할 수 있습니다.

## 베트남의 다산 정약용, 려귀돈

려귀돈은 베트남을 대표하는 문인 관료로, 그의 이름을 딴 지역과 학교가 있을 정도입니다. 우리나라의 다산 정약용과 같은 존재로 보시면 돼요. 그는 스물일곱 살에 진사시에 급제하고 스물여덟 살에는 한림원 학사가 되었습니다. 6년이 지난 어느 날, 청나라 사신단의 정사로 발탁되어 연행을 떠나는데, 이때 자신이 저술한 서책 몇 권을 들고 갑니다. 이름 있는 청나라 문인에게 서문을 받기 위해서였죠. 우연인지 모르겠지만 조선 사신단을 만나 그들의 글재주가 높다는 사실을 알게 되자, 려귀돈은 홍계희를 비롯한 조선 선비의 서문을 받기로 결심합니다. 흥미로운 사실은 려귀돈의 《견문소록見聞小錄》을 통해 조선 사신과의 만남을 살펴볼 수 있다는 거예요. 려귀돈이 그려낸 첫 만남을 한번 살펴봅시다!

경진년 겨울, 내려귀돈가 진휘밀과 정춘주와 더불어 연경에 도착하였다. 정월 그믐달에는 조선 사신인 홍계희, 조영진, 이휘중을 홍려관에서 만났다. 자리를 펴고 읍을 올린 뒤에 정좌하여 필담으로 서로 간에 문답을 주고받았다. 곧 두 나라 사이의 정이 두터워졌다. 숙소로 돌아간 뒤에 즉시 하급 관리 두 명을 시켜 우리 나라 토산물을 보내주었다.

_____《견문소록》 권4

이 만남을 무미건조하게 기록하고 있다는 게 약간 아쉽네요. 그러나 말은 다르더라도 한자 문화를 공유하고 있기에 필담을 통해서나마 생각을 나눌 수 있었던 것 같습니다. 재미있는 사실은 만남의 시작이 조선 사신단에게 있었다는 점입니다. 베트남 사신에게 먼저 말을 건 사람은 다름 아닌 우리 측 이의봉李義鳳이었습니다. 그는 홍려시26)에서 치른 사신단 예행연습에서 베트남 사신과 조우했어요. 이곳에서 이의봉은 그들의 소매를 당겨 성명과 관직을 물어보았고, 베트남 사신은 친절하게 답하였습니다. 이를 계기로 조선과 베트남 사이의 교류가 시작되었던 것입니다. 이의봉이 묘사한 내용은 베트남 사신의 기록과는 비교할 수 없을 정도로 세밀합니다. 그렇다면 여기서 그의 글을 보지 않을 수 없겠죠.

베트남 사신인 그들 모두 눈이 혹 들어가 있어 피로한 안색이 역력했다. 지금 큰 병을 앓고 있는 것만 같았으니, 이는 아마도 수만 리를 걸어오면서 먹는 물과 이곳 풍토에 잘 적응하지 못해 고생한 까닭이 아니겠는가? 그 가운데 우두머리 사신인 정사는 완고하고 근엄하였고, 부사는 아정하고 깨끗했다. 세 명의 사신은 푸른 얼굴에 백발의 풍채로 동작이 자못 호탕하다. (중략)

---

26) 鴻臚寺. 청나라의 행정기관으로 사신 접대를 관장했다.

**사로삼기첩**
이휘지(李徽之, 1715~1785), 강세
황(姜世晃, 1713~1791), 이태영
(李泰永, 1744~1803)의 작품 〈사
로삼기첩(槎路三奇帖)〉. 사행길을
묘사한 〈사로삼기첩〉 가운데 북경
의 기이한 경치 중 하나인 계문연수
(薊門煙樹, 신기루)의 풍경이다. 집
밖을 나서면 고생이라는 말이 있듯
이 중국으로 여행을 간다는 것은 험
난한 여정이었지만, 이국의 풍광을
구경하던 보람도 있었다. 국립중앙
박물관

내가 전문27)으로 들어가는 틈을 따라가 성씨를 물었더니 그가 말하길 응우옌阮 씨라 하였고, 그 역시 나에게 우리 조선 사신의 관직을 물어보아서 대답해주었다.

_____《북원록北轅錄》 1760년 12월 30일

## 베트남인에게 먼저 다가간 조선 사신단
_____

이렇게 우리 측에서 먼저 적극적으로 행동하여 연이 닿은 베트남 사신단은 조선 사신단과 만나 서로 고된 여정을 위로해주고 이후 일정에 대한 정보도 교환합니다. 정사 홍계희를 비롯한 조선 사신단은 베트남 사신에게 조선의 붓과 대호지大好紙, 설화지雪花紙와 같은 고급 종이를 선물로 주었습니다. 우리나라 붓과 종이는 외국 사신에게 인기 있던 귀한 상품이었거든요. 그래서 답례로 앞서 언급한 것처럼 려귀돈이 베트남의 토산물을 조선 사신에게 보내왔던 것입니다.

려귀돈은 이 같은 첫 만남에서 조선 사신의 문장이 탁월하다는 사실을 알게 됩니다. 그래서 조선 정사 홍계희와 서장관 이휘중李徽中, 이의봉의 아버지에게 자신의 저서에 올릴 서문을 받기로 작

____
27) 箭門. 지붕 없이 화살 모양의 나무를 세운 문을 이른다.

정하죠. 이 과정은 려귀돈의 저서 《견문소록》에 상세히 언급되어 있습니다.

나에게는 졸작인 《군서고변群書攷辨》과 편집본인 《성모현범록聖謨賢範錄》 그리고 〈소상백영시瀟湘百詠詩〉가 있었다. 홍 상서홍계희가 책 앞에 실린 모든 서문을 써 주었고, 이 학사이휘중도 백영시의 서문을 써 주었다. 며칠 후 청나라 관리인 흠차반송낭중 진조침秦朝針에게 책을 보여주었는데, 문장의 품격이 뛰어날 뿐만 아니라 찬란하다며 칭찬해주었다.

___《견문소록》 권4

## 동방의 군자국으로 칭송받은 조선
___

려귀돈은 조선 사신에게 다음과 같은 시를 보내왔는데, 우리나라와 관련한 내용이 있어 볼만합니다. 베트남인이 생각한 조선은 동방의 군자국에 문헌이 가득한 나라였던 것 같습니다. 그럼 려귀돈의 글을 한번 봅시다.

귀국조선은 동방의 군자국이라 신의를 기뻐하고 문장을 일로 삼으니, 족히 사람에게 공경과 아끼는 마음을 일게 합니다. (중략)

사군使君, 홍계희 또한 천 리를 멀다 여기지 않고 오셔서 다행히 공적인 손님의 자리에서 이렇게 만났습니다. 맑은 말씀을 잠깐 접하니, 문득 교찰[28]의 우호를 정하여 정의情誼가 많고 크심이 이를 바가 없습니다. 애오라지 칠언시를 지어 올리니, 만남을 망령되게 더럽힌 것 같습니다. 두 나라 사이에 중국이 있지만, 우리의 우연한 만남을 기록하여 다른 날의 아름다운 일화로 삼고자 할 따름입니다.

큰 바다 동쪽과 남쪽으로 각기 한 지역인데
함께 궁궐로 와서 청나라 황제를 뵈었다네

산원산베트남의 산이 둥그니 조선의 송악산도 빼어날 테고
압록강은 응당 이수베트남의 강같이 길게 흐르리라

육경 이래 학문은 다채로워지고
홍범구주[29] 이후엔 삼한조선의 문장도 바뀌었다네

---

28) 僑札. 오랜 친구와도 같은 예절을 뜻한다.
29) 洪範九疇. 하나라의 우임금이 남겼다고 하는 아홉 가지 정치 이념이다. 은나라의 현자였던 기자가 주나라 무왕에게 홍범구주를 전하고 고조선으로 옮겨 왔다고 전한다.

나그네의 회포는 사군홍계희께서 주신 부채처럼 접어놓았다가

새 봄바람 대할 때마다 활짝 펴서 둘러두고 보리라


안남국 사신 려귀돈이 조선 사신들께 절하며 글을 지어 올립니다.

려귀돈과 홍계희의 만남이 있던 1760년, 서양에서는 어떤 사건이 벌어졌을까? 이때 영국에서는 하노버왕조의 조지 3세George III, 1738~1820가 대관식을 치렀다. 그의 선대는 대대로 독일계였으나, 조지 3세는 독일 억양이 없는 영어를 완벽히 구사하여 영국 국민에게 인기가 많았다. 특히 '해가 지지 않는 대영제국'을 건설하는 데 일조했다. 말년에는 정신병을 앓았는데, 궁을 뛰쳐나가기도 하고 정원의 나무에게 말을 걸기도 했다. 증세는 점차 심각해져서 시종의 방에 갑자기 들이닥쳐 나폴레옹을 욕하거나 요강에 오줌을 누고 가는 등의 돌발행동을 일삼았고, 이런 행각 때문에 '미치광이 왕'이라는 별명이 붙었다. 최근의 의학 연구에 따르면 그의 병명은 햇빛에 화상을 입을 정도로 민감해 '흡혈귀 병'으로도 불리는 포르피린증porphyria으로, 하노버왕조에 대대로 내려오던 유전병이었다고 한다.

# 17

## 성모마리아상을 조선에 가져온 선비가 있었다?

: 예수회 신부를 만난 조선 선비 이야기

1720년 조선의 유능한 선비 이기지李器之, 1690~1722는 아버지 이이명李頤命을 따라 중국으로 향합니다. 이기지는 당시에 꽉 막혀 있던 보통의 조선 선비와는 달리, 서양 학문을 무척 좋아하던 열린 마음의 소유자였습니다. 천주교 성물인 마리아와 예수의 성모자상聖母子像을 그린 서양화를 거리낌 없이 조선으로 가져올 정도로요. 그런 이이명과 이기지는 대단한 가문의 사람이었습니다. 정승 여섯 명, 대제학 세 명을 배출한 전주 이씨 밀성군密城君, 즉 세종의 다섯째 아들의 후손이었는데요. 세종대왕의 머리를 그대로 물려받았다고 소문이 났을 정도였습니다.

## 세종대왕의 머리를 고스란히 이어받은 똑똑이

이 사실을 증명이라도 하듯 이기지는 진사시에 장원으로 합격했고, 아버지 이이명은 진사시에선 차석, 문과인 대과에서는 장원급제한 수재였습니다. 할아버지 이민적李敏迪 역시 장원급제를 했고요. 정말 혀를 내두를 만한 집안의 성취입니다. 세종대왕을 닮았다 말하는 것은 시험 머리만 가지고 논하는 것이 아닙니다. 이이명은 당대의 수학자였고, 아들 이기지는 서양 선교사의 눈이 휘둥그레질 정도로 천문학에 박식한 선비였습니다. 문학, 수리학, 천문학 등 세종대왕의 박학다식한 재능을 고스란히 물려받은 셈입니다.

**일암연기**
일암 이기지가 저술한 청나라 사행 일기 《일암연기(一菴燕記)》다. 서울대학교 규장각한국학연구원

대과 시험을 준비하던 이기지는 1720년 청나라를 여행할 기회를 얻게 됩니다. 하늘이 내려준 한 번의 기회를 놓치지 않기 위해 공부를 잠시 미뤄두고 북경으로 향하죠. 당대의 수재답게 그는 철두철미한 준비를 합니다. 청나라 여행을 다녀왔던 선배들의 기록을 하나둘 샅샅이 뒤져보았는데, 뜻하지 않은 오류와 결점을 발견합니다. 선배들의 기록은 너무 엉성해 지리 정보도 왜곡되어 있었고, 시간이 경과해 이전과는 많이 달라졌거든요. 그래서 이기지는 사행 기간 내내 선배들이 오가던 경로를 수정해 교정하였고, 개인적으로 보고 듣고 먹고 마신 사실까지 모두 담아냈습니다. 이런 그의 노력은 빛을 발휘합니다. 후배인 담헌湛軒 홍대용洪大容, 1731~1783과 연암燕巖 박지원朴趾源, 1737~1805에게 큰 영향을 미쳤기 때문이죠. 이기지의 비범함이 엿보이는 대목입니다.

## 코 크고 눈 깊은 서양인과의 만남

이기지는 사고가 활짝 열린 인물이었습니다. 《구운몽九雲夢》을 쓴 외할아버지 서포西浦 김만중金萬重의 영향인 듯해요. 김만중은 유儒, 불佛, 도道 세 가지 학문에 모두 능통한 학자여서 불교의 윤회사상을 토대로 《구운몽》을 집필했으며, 최신 이론이었던 지구 자전설을 열렬히 옹호하기도 했습니다.

이런 집안의 영향인지 이기지는 서양 학문을 접하는 데 거리낌이 없었어요. 북경으로 들어가자마자 천주교 성당을 찾아가 돌진합니다. 서양인 신부와 만나기 위해서였죠. 그가 처음 간 곳은 포르투갈 신부들이 거주하던 남당南堂이었습니다. 그리고 포

**마테오 리치 초상**
마카오 출신 서양화가이자 가톨릭 신자였던 유문휘(游文辉, 1575~?)가 그린 마테오 리치(Matteo Ricci, 1552~1610) 초상화. 마테오 리치는 이탈리아 출신의 예수회 선교사로, 사서삼경에 정통한 유학자이기도 했다.

르투갈 신부 세 명과 만나죠. 처음 본 서양 사람의 괴상한 얼굴
이 독특했는지 이기지는 그들의 모습을 상세히 묘사했습니다.

> 세 명의 신부 모두 긴 수염이 턱까지 길었다. 코는 높고 뾰족하며
> 아래로 늘어졌고, 눈썹은 크고 그 털은 가늘었다. 눈빛이 빛나는
> 것이 유리처럼 투명했으며, 쏘아보는 것이 마치 눈동자를 돌릴 수
> 없는 듯했다.
>
> ___《일암연기》 1720년 9월 22일

동양인과 달리 뾰족하고 날카로운 이미지에 어색함을 느꼈
을 테지만, 처음 접한 서양인의 이질적인 이미지는 점점 긍정적
으로 변해갑니다. 예수회 신부들의 고결한 인품과 정숙한 예절,
정밀한 서양 기계를 접하면서 말이죠.

## 이기지, 자그마한 서양의 품에 안기다
———

남당으로 들어간 이기지는 작은 서양과 만납니다. 그는 원
근법이 가미된 서양화를 접하면서 큰 충격을 받았어요. 멀고 가
까움을 표현한다는 것은 중국이나 조선에는 없는 화법이었기 때
문입니다.

천주당에 처음으로 들어가 고개를 들어보니 갑자기 벽 위로 커다란 감실龕室이 보였다. 감실 안에는 구름이 가득했고, 그 속에 대여섯 사람이 서 있는데 아득하고 황홀하여 마치 신선과 귀신이 변환하는 것 같았다. 자세히 살펴보니 벽에 붙은 그림일 뿐이었다.

___《일암연기》1720년 9월 22일

이기지는 성당 내부로 들어가다가 천주교 성화를 보게 되는데, 섬세한 묘사력이 지금의 동영상 같기도 하고 사진 같기도 해서 흥분합니다. 다가가서 자세히 살펴보니 벽에 붙은 그림 한 면에 불과했습니다. 그는 이곳에서 존경하던 서양 선비 이마두利瑪竇, 마테오 리치의 초상화를 보았는데요. 감상평을 보면 뾰족하던 서양인의 이미지가 180도로 변화했음을 알 수 있습니다.

이마두는 기상氣像이 유학자처럼 아정雅正하고, 맑고 밝은 모양새가 학문하는 사람 같았다. 눈에는 정묘한 광채가 빛났으며, 머리에는 (선비처럼) 정자건을 썼다.

___《일암연기》1720년 9월 27일

이기지는 마테오 리치를 바라보면서 마치 재야에 은거한 학자를 대하는 듯 존경심이 불타올랐습니다. 초상화를 통해 바라본 마테오 리치는 조선에서나 볼 법한 정자건을 쓴 유학자의 모습이었기 때문이죠. 이기지가 '유학' 이미지를 끄집어냈던 것은 마테오 리치의 초상화뿐만이 아닙니다. 프랑스 성당인 북당北堂에서 레지Jean-Baptiste Règis, 雷孝思 신부를 만나 다음과 같은 말을 듣게 됩니다.

다행스러운 이번 만남에는 하느님의 깊은 뜻이 담겨 있습니다. 우리 인류는 모두 하느님께서 만드신 것이니, 사해四海가 모두 서로 형제가 됩니다. 비록 서로 수만 리 떨어져 있어도 또한 형제입니다.

_《일암연기》 1720년 10월 28일

레지 신부는 《논어》 〈안연〉 편에도 나오는 동포주의와 박애

**《일암집》 가운데 〈서양화기〉**
이기지의 저서 《일암집(一菴集)》에 실린 〈서양화기(西洋畵記)〉. 북경 성당을 방문해 예수와 성모마리아의 그림을 보고 느꼈던 감정을 핍진한 묘사력으로 기술했다. 국립중앙도서관(필자 촬영본)

교과서 밖 _____ 조선의 역사

주의를 내세우며 기독교적 형제애를 강조합니다. 화답한 이기지의 답장을 유념해볼 필요가 있는데, 그의 대답을 들어봅시다!

사해가 모두 형제라고 하신 것은 참으로 확실한 말씀입니다. 선유先儒, 선배 유학자가 말하기를, 백성은 나의 동포요, 무릇 천지간에 둥근 머리와 가로 눈을 가진 백성은 모두 내 동포 형제라고 했습니다. 서해西海와 동해東海를 가르지 않고, 다만 한 가지의 마음만을 귀하게 여겨 서로 벗하고 사랑할 뿐입니다.

_《일암연기》1720년 10월 28일

유교가 기본 바탕인 이기지의 입장에서 오직 공자와 맹자만으로 대응할 수는 없었을 것입니다. 레지 신부가 언급한 기독교적 박애관 '사해형제四海兄弟'를 송나라 유학자 장재張載의 '백성은 나의 동포民吾同胞'라는 말로 되받아쳤네요. 같은 이념을 공유하는 것 같기도 하지만, 천주학과 유학 사이의 보이지 않는 긴장감도 느껴지는 대목입니다.

## 벌레가 튀어나오고 물고기가 꿈틀거리는 서양 화법

그림에 뛰어난 식견을 지녔던 이기지는 서양화에도 특별한 관심을 보였습니다. 그중에서도 사실적 묘사에 신선한 충격을 받았는데요. 처음 대했던 서양화는 종교화였습니다. 성당 벽화의 프레스코는 그동안 보지 못했던 새롭고 독특한 화법이었죠. 입체감이 뚜렷한 서양화를 보고는 다음과 같이 감탄합니다.

책을 펼치면 갑자기 벌레와 물고기가 꿈틀거리며 움직이거나 날아올라 마치 손에 잡힐 듯했고, 원근과 고저의 형상을 볼 수 있게했다. 솜씨의 교묘함이 조물주를 능가할 만하다.

한편 이기지는 성당 감실에 새긴 그림의 '두 날개가 있는 것'이 궁금해 물어보기도 합니다. 서양인 신부가 대답하죠.

천신天神입니다. 사람들이 알지 못하지만 이 신이 몸을 지켜줍니다.

서양인 신부가 말한 천신은 다름 아닌 수호천사 미카엘 Michael이었습니다. 그의 일기를 통해서만 확인할 수 있는 재미있고 신기한 일화입니다. 이렇듯 이기지는 북경에 체류했던 62일 내내 천주교 성당을 제집 드나들듯 방문했습니다. 이틀에 한 번 꼴로 신부들을 만났으니 이런 표현이 어색하지 않네요. 그가 성당에서 서양 문물을 살펴보던 일은 단순한 호기심이 아니라 열린 사고와 태도였음이 분명합니다. 조선을 한번 개혁해보겠다는

교과서 밖 _____ 조선의 역사 _____

심사를 보여주듯이 말이죠.

　그의 적극적인 태도에 감동한 신부들은 조선 사신 일행이 묵고 있는 처소까지 방문해 오토마타자명종를 예물로 주었습니다. 이기지는 자명종에 적힌 서양 숫자로마자에 대해 자세히 물었고, 나흘 후 다시 만난 선교사들 앞에서 로마자 전부를 써 보였어요. 이때 선교사들은 서로의 얼굴을 쳐다보며 이기지의 명민함에 감탄했다고 합니다.

　서양 신부들은 이기지에게 친밀감을 느껴 이탈리아 화가이자 선교사였던 주세페 카스틸리오네Giuseppe Castiglione의 〈견도犬圖〉와 성모자상을 선물로 주었습니다. 이기지가 서양 학문에 적극적인 관심과 열정을 발휘한 청년임을 알았기 때문입니다.

　이기지가 경험한 서양 세계는 한마디로 별세계 그 자체였습니다. 북당을 방문하면서 그가 남긴 메시지가 이 모든 걸 대변해줍니다.

**중국풍 오토마타**
이기지가 생존한 18세기부터 유행했던 중국풍 오토마타. 이기지는 오토마타, 즉 자명종에 새긴 로마자를 외워 선교사들에게 써 보였다. 개인 소장

**십준견도(十駿犬图)**
주세페 카스틸리오네가 청나라
의 명견 열 마리를 그린 작품의
일부. 이기지가 조선에 가지고
온 카스틸리오네의 〈견도〉 역시
이와 비슷할 것이다. 대만 국립
고궁박물원

아득히 깊고 밝아서 마치 별세계에 들어온 것 같으며, 진기하고
색다른 물건은 일일이 기록할 수 없을 정도다.

_《일암연기》1720년 10월 28일_

## 허무한 최후를 맞이한 불꽃 남자 이기지

이기지는 성당에서 느낀 황홀한 감정을 지인들과 나누고픈
마음이 있었을 겁니다. 서양 신부에게서 얻어온 선진기술과 천
문학적 지식을 구현해내고 싶다는 포부도 있었을 테고요. 하지
만 청나라에서 돌아온 이기지의 남은 인생은 고작 1년 남짓이었
습니다. 붕당정치의 소용돌이에 휩쓸려 목숨을 잃고 말았기 때
문이죠.

경종과 정치적 대척점에 서 있던 아버지 이이명이 청나라에
서 임금을 시해할 독약을 가져왔다는 누명을 씁니다. 이기지도
무사할 수 없었어요. 국문을 받았고 심한 매를 맞았습니다. 그리
고 옥에서 숨을 거두었죠. 집안은 풍비박산 났고, 서양에서 건너
온 성모마리아상도 사라졌습니다. 카스틸리오네의 〈견도〉도 잃
어버렸고요. 몇 년이 흘러 영조가 등극하자 모든 상황은 180도
로 크게 변했습니다. 이이명을 모함했던 세력이 몰락하고 이기
지는 복권되었기 때문입니다. 그의 아들은 벽장 안에 꼭꼭 숨겨

놓은 아버지의 유고를 수습해《일암연기》라는 이름으로 세상에 내놓았습니다.

천재일우 같은 서양 선교사와의 만남이 알려지자, 그의 연행록은 세간에 널리 읽히기 시작합니다.《일암연기》를 교과서 삼아 이기지의 후배였던 홍대용은《을병연행록乙丙燕行錄》과《담헌연기湛軒燕記》를, 박지원은《열하일기熱河日記》를 써냈습니다. 이렇듯 조선 선비들은 이기지처럼 서양 선교사와 만나 담론을 나누며 새로운 지식을 얻고자 갈망했습니다.

비극적인 결말을 맞이한 이기지의 인생도 어찌 보면 헛된 것만은 아니었습니다. 조선 후기 지식인에게 영감을 주고 서양인과의 만남을 긍정적으로 만들었으니까요. 그의 30년 인생 중 북경을 방문했던 짧은 여정은 우리 역사에서 빼놓을 수 없는 조선과 서양의 교류사 가운데 한 대목임이 분명합니다.

**서양 역사 톺아보기**

이기지와 예수회 선교사가 만난 1720년 무렵, 서양에서는 무슨 일이 있었을까? 영국에서는 1722년 마지막 마녀사냥이 있었다. 스코틀랜드 도녹 Dornoch에서 한 여인이 옆집에서 키우는 양과 돼지에게 저주의 말을 던졌다는 혐의로 화형되었다. 이렇게 처형된 마녀들은 대부분 돈 많은 과부였는데, 그 배후에는 재산을 노린 교회가 있었다. 마녀사냥은 한마디로 말해 돈이 되는 교회의 거대한 사업이었다. 화형을 당한 과부의 재산은 교회의 재산으로 몰수되었다고 한다.

# 18

## 1772년 조선 최초의
## 서양 악기 연주회가 열렸다?

: 홍대용과 구라철사금 이야기

서양 음악이 동양에 들어온 시기는 16세기 무렵입니다. 중국 선교를 위해 포르투갈 식민지였던 마카오를 거쳐 중국으로 들어온 예수회 선교사들이 서양 악기도 가져왔거든요. 왜냐하면 음악만큼 선교 활동에 도움 되는 수단이 없기 때문이었어요. 예수회 선교사 마테오 리치는 명나라 황제 만력제萬曆帝에게 피아노의 전신인 클라비코드 연주를 들려주었습니다.

　명나라가 멸망하고 만주족의 청나라가 들어섰지만 서양인 선교사는 중국에 계속 거주할 수 있었습니다. 유럽의 신기한 과학기술과 음악, 미술 등이 청나라 황제의 마음을 빼앗아버렸기

때문이죠. 그래서 북경에 있던 천주교 성당에 서양식 파이프오
르간도 설치할 수 있었습니다.


## 오르간 건반을 눌러본 최초의 조선인

조선 후기 대표적인 실학자 담헌 홍대용 선생은 1766년 중
국 북경을 여행한 경험이 있었습니다. 이 호기심 많은 조선 선비
는 공식 업무가 없는 시간을 활용해 서양인 신부들이 거주하던
천주교 성당을 방문했고, 서양의 이색적인 문화와 기물을 경험했
습니다. 홍대용은 동서남북 네 곳의 성당 중 남당을 방문했는데

**클라비코드**
피아노의 전신인 클라비코드. 쳄발로(하프시코드)와 함께 바로크음악을 대표하는 건반악기다. 프랑스
파리음악박물관

요. 거문고 연주자이기도 했던 그는 성당에 설치된 파이프오르간을 보고 큰 충격을 받았습니다. 이처럼 크고 웅장한 악기는 생전 본 적이 없었기 때문입니다. 홍대용은 이때 받은 느낌을 자신의 연행 기록《담헌서湛軒書》에 생생히 묘사하고 있습니다.

남쪽으로 벽을 의지하여 높은 누각을 만들고 난간 안으로 기이한 악기를 벌였으니, 서양국 사람이 만든 것으로 천주에게 제사할 때 연주하는 풍류파이프오르간였다. 올라가 보기를 청하자 유송

**바로크 오르간**
18세기 바로크 양식 파이프오르간이다. 스페인 산타크루즈수도원

령劉松齡이 거절하다가 여러 차례 청한 뒤에야 열쇠를 가져오라고
하여 문을 열었다.

___《담헌서》, 〈외집外集〉 권7

중국 이름을 쓰던 예수회 선교사 유송령의 본명은 아우구스
티누스 폰 할러슈타인Augustinus von Hallerstein입니다. 이름에 들어간
'폰von'이라는 단어로 독일계 서양인임을 눈치채셨을 거예요.

홍대용은 유송령에게 파이프오르간을 보여달라고 졸랐습니
다. 하지만 돌아오는 대답은 "NO"였죠. 두 번, 세 번, 네 번……
계속 간청하니 유송령은 마지못해 열쇠를 가져와 파이프오르간
을 직접 볼 수 있도록 허락합니다. 홍대용은 여기서 만족하지 못
하고 실제로 연주되는 생음악을 듣고 싶었습니다. 다시 한 번 유
송령에게 파이프오르간을 연주해달라고 간청했지만, 돌아오는
대답은 역시나 "NO"였습니다. 연주자가 병이 들었다는 되지도
않는 평계와 함께 말이죠! 하지만 홍대용의 간청이 끈질기게 계
속되자, 할 수 없이 그를 연주대까지 데려가 파이프오르간의 단
아한 음률을 들려주었습니다.

틀 밖으로 조그만 말뚝 같은 두어 치의 네모진 나무가 줄줄이 구
멍에 꽂혔거늘, 유송령이 그 말뚝을 눌렀다. 위층의 동쪽 첫 말뚝
을 누르니, 홀연히 한결같은 저 소리가 다락 위에 가득하였다. 웅

장한 가운데 극히 정제되고 부드러우며 심원한 가운데 극히 맑은
소리가 들렸다.

___《담헌서》, 〈외집〉 권7


　　홍대용에게 호의를 베풀지 않는 유송령의 태도는 정말 뜻밖
이었습니다. 이전에 성당을 방문한 조선 선비들에게는 간이라도
빼줄 듯이 적극적으로 서양의 문물을 보여주었는데, 홍대용에게
는 매정하네요. 여기에는 그럴 만한 이유가 있었습니다. 당시 청
나라 황제였던 건륭제가 천주교를 달가워하지 않았기 때문입니

**여성 음악가를 묘사한 모자이크**
시리아에서 발견한 4세기 무렵의 모자이크. 여성 음악가들의 모습을 표현하고 있다. 타악기 연주자 왼
편에 오늘날의 파이프오르간과 비슷한 관악기의 모습이 보인다. 시리아 비잔틴 양식의 교외주택

다. 건륭제의 할아버지 강희제는 천주교에 비교적 호의적이었지만, 아버지 옹정제와 건륭제 본인은 천주교를 대역죄인 다루듯이 박해했습니다. 특히 건륭제 시절이 심했는데, 건륭제는 성리학을 신봉한 유학자이자 라마교 수장이기도 했기 때문에 천주교를 이단시할 수밖에 없었습니다.

하지만 서양 문물의 기묘함과 편의성은 건륭제도 인정하고 있던 터라, 성당에 거주하던 서양인 선교사만은 내쫓지 않았습니다. 천문학이나 예술 분야에 봉직하여 황제를 위해 일하도록 허락했어요. 이런 분위기 때문에 예수회 선교사 유송령은 혹시라도 트집 잡히지나 않을까 하여 홍대용에게 매몰차게 굴었던 것입니다. 홍대용 역시 선교사들의 거만한 태도를 못마땅하게

**건륭제 원명원 유람도 – 첼로 연주를 듣다**
원명원에서 첼로 연주를 듣고 있는 건륭제. 건륭제는 천주교를 박해했지만 서양 문물은 선호했다. 개인 소장

생각했고, 일기 곳곳에 그들이 오랑캐 같다는 말을 자주 내뱉곤
했습니다.


## 서양 악기를 조선에 최초로 들여온 홍대용

서양과 마찬가지로 동양에서도 음악은 중요한 위치를 차지
하고 있습니다. 예악禮樂이라는 형식으로 개인을 감화하고 교화
하는 기능이 있었기 때문이죠. 홍대용도 예외는 아니었습니다.
그는 중국 순임금이 거문고를 연주하며 큰 덕을 기르던 것처럼
거문고 연주로 마음을 다스렸습니다. 그래서 누구보다도 음률에

**양금**
'구라철사금(歐羅鐵絲琴)'으로 불리던 양금(洋琴)의 모습. 대나무로 만든 채를 가지고 열네 개의 금속
현을 두드리면 마치 옥이 굴러가는 듯한 맑은 소리를 낸다. 국립중앙박물관

박식했어요. 그가 유달리 파이프오르간에 관심을 보인 것은 이상한 일이 아니었습니다. 사실 홍대용은 서양 음악에 대해 사전 지식이 있었습니다. 홍대용이 중국으로 떠나기 전부터 서양 서적이 파도처럼 조선에 유입되었고, 그 가운데에는 서양 음악을 소개한《직방외기》[30]라는 책도 있었거든요. 뛰어난 학자였던 홍대용이《직방외기》를 탐독했음은 분명합니다.

하염없이 북경을 돌아다니던 홍대용에게 걸린 서양 악기가 또 하나 있었으니, 바로 구라철사금입니다. 구라철사금은 '유럽에서 철사로 만든 거문고琴와 비슷한 현악기'라는 뜻으로, 지금의 쳄발로나 덜시머와 유사한 악기였습니다. 오늘날 양금이라 불리는 국악기죠. 북경의 서점가 유리창琉璃廠을 거닐던 홍대용은 어디선가 들려오는 맑고 청량한 음악 소리에 넋을 잃고 말았습니다. 그곳에서 구라철사금을 처음 본 그는 악사에게 연주를 부탁하였고, 짧게나마 연주법을 터득하기도 했어요. 그리고 연주에 어느 정도 자신감이 생기자, 우리나라 오음계로 조율해보기로 마음먹었습니다.

---

30) 職方外紀. 마테오 리치의 후임 중 한 사람인 이탈리아 출신 예수회 선교사 줄리오 알레니(Giulio Aleni, 艾儒略)가 쓴 세계 인문지리서다. 1623년 중국 항주(杭州, 항저우)에서 총 다섯 권으로 간행되었다(1권 아시아, 2권 유럽, 3권 아프리카, 4권 아메리카, 5권 해양). 이 책은 중국 바깥 세계에 관한 상세한 지리 지식뿐 아니라 유럽 각국의 정치, 문화, 종교, 풍속, 교육 등 다양한 정보를 담고 있어 중국과 조선 학자들의 관심을 끌었다. (줄리오 알레니, 천기철 역,《직방외기》, 일조각, 2005)

## 최초의 서양 악기 연주회가 열리다

———

북경에서 구라철사금<sub>양금</sub>을 가지고 온 홍대용은 드디어 이 서양 악기를 연주해보기로 했습니다. 사실 양금이 조선에 들어온 것은 홍대용 이전부터였지만 제대로 연주한 사람은 없었던 것 같습니다. 당시 문인이 남긴 기록을 보면 양금을 하나의 기이한 물건으로 여겨 감상의 도구로만 전시해놓았을 뿐, 정작 연주법은 몰라서 양금이 내놓는 음을 제대로 감상하지도 못했다고 적혀 있기 때문입니다.

1772년 6월 18일 오후 7시쯤 어스름히 해가 서산으로 지던 때, 담헌 홍대용의 저택 유춘오³¹⁾에 친구들이 옹기종기 모여들었습니다. 서양 악기의 음색을 듣기 위해서였죠. 홍대용은 악보도 없는 상태에서 스스로 연주법을 터득해, 맑고 청량한 이 현악기의 소리를 조선에 처음 전했습니다. 홍대용이 중심이 된 '유춘오악회<sub>留春塢樂會</sub>'란 이름의 정기 음악회에서 양금을 처음 들은 청중은 마치 구름 위를 떠다니는 듯한 느낌에 감탄했습니다. 그 자리에 있던 연암 박지원은 그때의 감동을 자신의 문집《연암집》에 정확한 날짜와 시간과 함께 기록해놓았고, 조선 최초의 서양 악기 연주회는 그의 기록으로 세상에 알려질 수 있었습니다.

————————

31)  留春塢. '봄이 머무르는 언덕'이라는 뜻이다.

홍대용은 양금만 연주한 것이 아니었어요. 북경의 성당을 방문해 조선인으로는 최초로 파이프오르간을 즉석에서 연주하여 천주교 신부들을 깜짝 놀라게 했습니다. 당시 서양은 바흐와 하이든이 활동하던 바로크 시대. 어떻게 홍대용은 이 악기들을 직접 연주할 수 있었을까요. 독학으로 혼천의를 만들기도 했으니 낯선 서양의 악기를 다루는 것도 그리 어렵지 않았을 겁니다. 더구나 절대음감을 소유한 음악인이자 조선 최고의 거문고 연주자로 정평이 났던 만큼 몇 번의 궁리 끝에 연주법을 터득하지 않았을까요?

**서양 역사 톺아보기**

조선의 천문학자 홍대용이 유춘오에서 양금을 연주하던 1772년, 서양에서는 어떤 사건이 있었을까? 이때 독일에서는 보데(Johann Elert Bode, 1747~1826)라는 학자가 천문학적 법칙을 발견한다. 태양을 도는 행성의 간격에 일정한 수학적 규칙이 있음을 예측해낸 것이다. 하지만 물리학적 경험칙이 아닌 예측이어서 아무도 주목하지 않았다. 그러다 기존의 수성, 금성, 지구, 화성, 목성, 토성의 여섯 개 행성 이외에 천왕성과 왜소행성인 세레스가 발견되었는데, 보데의 법칙에 들어맞아 학자들의 눈길을 끌었다. 하지만 해왕성과 명왕성은 법칙에 크게 벗어났기 때문에 힘을 잃고 묻혀버렸다. 오늘날 천문학자들이 외계 행성을 연구하다가 보데의 법칙에 따른 수학적 규칙이 90퍼센트 이상 들어맞는 것을 발견하면서 역사 속에 묻혀 있던 보데의 이론이 새롭게 조명되고 있다.

# 19

## 서양 선교사의 또 다른 임무는
## 염탐이었다?

: 프랑스 신부 부베 이야기

숙종 39년1713 청나라 칙사들이 조선에 들어옵니다. 조선 정부는 긴장했죠. 칙사가 지나가는 길목에 청나라군을 막기 위해 쌓아 놓은 백마산성을 비롯해 새로 신축한 튼튼한 산성이 두루 있었기 때문입니다. 하지만 칙사들은 이런 산성을 보고도 아무런 말이 없었습니다. 숙종을 비롯한 조정 대신은 의아해하다가 칙사의 목적이 다른 곳에 있다는 사실을 알았습니다. 그들의 본심은 무엇이었을까요?

칙사는 모화관에서 숙종을 보자마자 황제의 명령이라며, 무턱대고 조선의 지도를 가져오라고 윽박질렀습니다. 지도를 못주겠다고 버텼지만 부副 칙사 하국주何國柱는 끈질기게 요구했죠. 좌의정 이이명을 비롯한 몇몇 대신은 형세상 보여주는 것이 좋겠다고 말했어요. 조정에서는 논의 끝에 비변사에 소장된 상세 지도는 숨겨놓고, 그보다는 간략하게 그린 옛 지도를 내놓았습니다. 칙사는 그 지도를 챙겨서 청나라로 돌아갔습니다. 과연 누가 이 지도를 보려고 했던 것일까요? 정말 궁금하네요. 그로부터 7년이 지난 1720년, 조선 선비 이기지가 아버지 이이명을 따라 중국으로 사행을 떠납니다.

그곳에서 이기지는 서양에서 온 예수회 신부들과 접촉했습니다. 극동의 조선인과 극서 유럽인의 천재일우와 같은 만남이었죠. 이기지는 이전부터 예수회사士, 즉 서양 선비의 존재를 알고 있었습니다. 그들이 전해준《천주실의天主實義》나《직방외기》같은 서양 서적은 이미 조선 지식인 사이에서는 베스트셀러로 자리매김한 지 오래였거든요. 중국 이름 '이마두'로 잘 알려진 마테오 리치 신부는 이기지가 존경해 마지않던 서양 선비였습니다.

아쉽게도 이기지가 중국을 방문했을 때, 마테오 리치 신부는 이미 100년도 더 전에 세상을 떠나 영원한 안식을 맞이했습니다. 이기지는 숙소였던 법화사에서 그리 멀지 않은 성당인 남당을 방문했습니다. 문을 두드리자 기다렸다는 듯 예수회 신부들이 거리낌 없이 이기지를 맞이해주었죠. 이기지로서는 감동

교과서 밖 조선의 역사

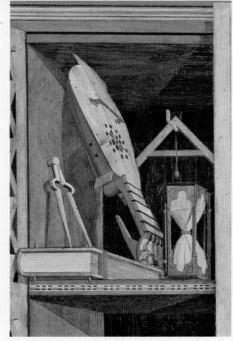

**구비오 공작저의 스투디올로**
16세기 이탈리아에서 유행한
스투디올로(Studiolo, 개인 서재)
그림. 서재 주인의 컬렉션으로
보이는 여러 기물이 보인다. 이
와 같은 다양한 기물이 예수회
신부들에 의해 청나라로 유입되
었고. 최종적으로는 조선에 도
착한다. 메트로폴리탄미술관

그 자체였어요. 영롱한 스테인드글라스가 비춰주는 성당 내부는 황홀한 서역의 분위기를 한껏 돋아주었고, 푸른 눈의 신부들은 동양 예절에도 무척 밝아서 손님과 주인의 예를 다했기 때문입니다.

이기지가 들어오자 모두 서서 읍하며 동쪽의 꽃무늬 의자에 앉으라고 권했습니다. 서양 신부들이 이기지에게 예의를 지키는 태도는 공손하고 조심스러울 정도였어요. 이기지의 눈에 예수회

**마테오 리치와 서광계**
마테오 리치 신부(좌)와 중국인 조력자 서광계(우). 리치 신부 위에 새긴 한자는 **利瑪竇**(이마두) **西泰**(서태, 리치 신부의 자)이고, 서광계 위에 새긴 한자는 **徐光啓**(서광계) **保祿**(보록, 바오로의 한자) **玄扈**(현호, 서광계의 호)다. 가운데에는 예수의 한자 **耶蘇**(야소)를 전서로 새겼다. 중국 도설

교과서 밖 _____ 조선의 역사

신부는 고결한 인품을 지닌 재야의 학자처럼 보였습니다. 마치 산림에 은거하며 강론을 펼치는 조선의 대유학자와 같은 사람 말이죠. 신부들은 이기지에게 자명종, 천리경, 성모마리아상, 만년필, 성냥 등 진귀한 물품을 보여주었습니다.


## 프랑스 예수회 신부들의 알 수 없는 호의

감명을 받은 이기지는 북경에 체류한 62일 가운데 절반 정도인 30일이나 서양 신부를 만나는 데 썼습니다. 이기지가 가장 많이 만났던 서양인은 프리델리<sub>Xavier Ehrenbert Fridelli</sub> 신부로 열네 번이나 만났다고 합니다. 프리델리 신부 말고도 부베<sub>Joachim Bouvet</sub>, 레지, 자르투, 코르도소, 쾨글러 신부 등을 만났어요. 이상하게도 그에게 다가온 신부들 가운데에는 프랑스 출신이 많았습니다. 이기지가 북경에 머물던 기간에 프랑스인 자르투 신부가 세상을 떠났는데, 비록 한 번 본 사이였지만 이기지는 예를 다해 부조했습니다.

두 선생<sub>두덕미</sub>32)이 갑자기 돌아가셨다니 놀라고 슬퍼서 할 말을

---

32) 杜德美. 자르투 신부의 중국 이름이다.

잃었습니다. 저와 두 선생은 구만리 밖 땅끝의 사람으로 부평초처
럼 떠다니다가 서로 만나니 한 번 만나도 오랜 친구 같았습니다.
나누었던 정을 생각하며 눈물을 흘립니다. 나아가 곡哭을 하는 것
이 마땅하지만 떠나는 기일이 촉박하여 그리할 도리가 없으니 더
욱 슬픕니다.

_____《일암연기》 권4, 1720년 11월 5일

　　어느 정도 친교를 맺자 이기지는 그동안 궁금했던 천문학과
수학에 대해 문의했고, 신부들은 막힘없이 아주 정확한 해답을
주었습니다. 수학을 전공한 교수와 같은 실력이었죠. 이기지는
너무나도 기뻤습니다. 비루하고 궁벽한 조선의 지식인에서 벗어
나 최신 학문으로 무장한 박학의 선비로 재탄생한 거 같았거든
요. 이쯤 되니 신부들도 차츰 이기지를 향해 조선의 사정을 물어
오기 시작했습니다. 제일 가깝게 지낸 프리델리 신부가 가장 적
극적으로 조선의 도읍지와 북경으로 들어오는 여정에 대해 세
세히 물어보았습니다. 이기지가 들려주는 여정의 경로를 자신이
가지고 있는 만주 지역 지도와 대조하면서 일일이 메모하기도
했고요. 그리고 지도를 하나 꺼내 보여주었는데, 다름 아닌 조선
을 상세히 묘사한 지도였습니다.

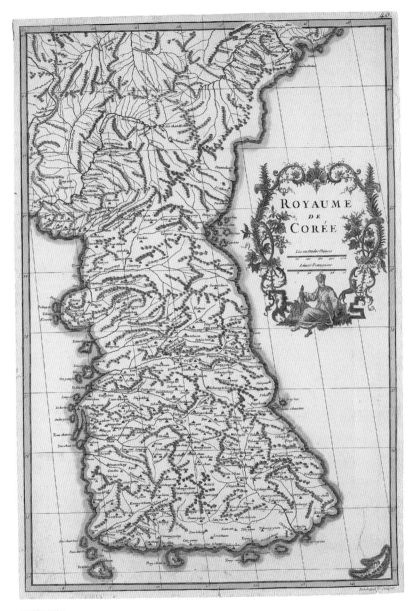

**조선왕국전도**

프랑스의 지리학자이자 지도학자였던 당빌(Jean Baptiste Bourguignon d'Anville, 1697~1782)이 제작한 조선 지도. 조선 정부에서 얻은 지도를 바탕으로 만들었다. 1713년 조선에 들어온 청나라 칙사 하국주는 조선 지도를 입수한 뒤 곧장 청나라로 돌아갔는데, 그 배후에는 조선을 정탐하던 프랑스 예수회 신부들이 있었음이 오늘날에야 밝혀졌다. 서울역사박물관

## 프랑스 신부들의 진짜 목적은?

———

　이기지는 경악했습니다. 7년 전 청나라 사신이 조선에 들어와 조선 팔도를 세밀하게 그린 지도 한 장을 가지고 돌아간 사실이 있었기 때문입니다. 그 배후에는 다름 아닌 예수회 신부들이 있었고요.

　프리델리는 놀란 이기지를 달래기 위해 천리경, 태양 관측 기구, 혼천의, 예수 그림 등을 보여주며 관람하게 했습니다. 이기지는 기이한 물건에 정신이 팔렸고, 그 모습을 본 프리델리 신부는 곧장 천리경을 선물로 주었어요. 서양에서 가져온 포도주도 같이 마셨고요. 프리델리 신부와 코르도소 신부는 이기지가 묵고 있는 숙소에도 찾아와 아버지 이이명과 함께 이야기를 주고받았고, 이기지에게 이전보다 더 많은 선물을 주었습니다. 《천주실의》두 권, 스페인 과자 세 개, 지구도 여덟 장, 천문도 두 장, 서양화 일곱 장, 세계지도인 〈곤여만국전도坤輿萬國全圖〉두 장을 말이죠.

　며칠이 지난 후 이기지는 부베 신부를 만났습니다. 프랑스 신부였던 부베는 이상한 말을 하기 시작합니다. 조선을 방문한 적이 있었다는 고백이었어요. 이기지는 다시 한 번 충격을 받았습니다. 정작 조선에서는 이런 사실을 아무도 몰랐기 때문입니다. 서양인이 자국의 영토를 정탐하고 있었다니⋯⋯.

　　　　　　　　교과서 밖 ——— 조선의 역사

부베 신부는 8년 전인 1712년의 일을 말해주었습니다. 오라
총관 목극등穆克登과 함께 백두산 근처에 올라 저 멀리 조선의 경
치를 감상했던 경험 말이죠. 목극등은 백두산정계비를 일방적으
로 세워 조선과의 국경을 확정한 장본인으로, 이런 목극등을 배
행했던 부베 신부는 조선의 영약인 산삼까지 주민에게서 채취해
갔습니다.

　이야기를 마치자마자 부베는 산둥반도의 등주登州에서 조선
까지 바닷길이 얼마나 되는지 물어보았습니다. 이기지는 정확
히 잘 모르지만 대충 2,000리 정도 될 거라고 얼버무리면서 화제

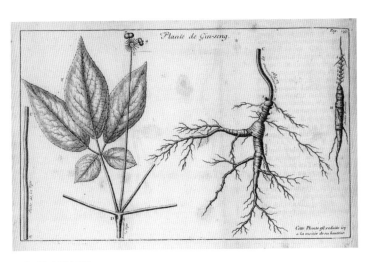

**부베 신부의 인삼 도판**
부베 신부가 동북 지역에서 채취해 프랑스에 보고한 인삼 도형. 이것이 부베가 백두산에서 채취해간
산삼인지는 확인되지 않았지만, 근처에서 인삼을 채취하고 도판으로 만들어 프랑스에 보고한 것은 분
명하다. 캐나다 토론토대학교 토머스피셔희귀본도서관

**곤여만국전도**
이기지가 예수회 신부로부터 선물 받은 〈곤여만국전도〉다. 서울대학교 규장각한국학연구원

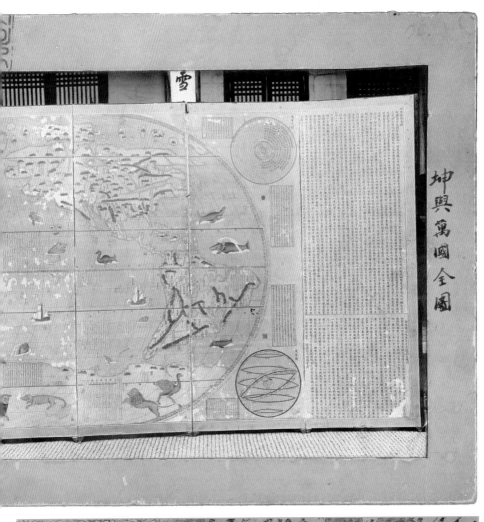

〈곤여만국전도〉 가운데 유럽 부분

를 돌려버렸습니다. 지리 정보는 국가의 기밀과도 같았거든요. 사실 부베와 프리델리를 비롯해 이기지가 만났던 코르도소, 자르투, 레지 등의 프랑스 출신 예수회 신부들은 모두 프랑스 국왕 루이 14세의 밀명을 받고 중국에 온 것이었습니다.

특히 프리델리 신부는 이기지가 가장 많이 접촉한 인물입니다. 도대체 무슨 일 때문에 이들이 청나라에 입국했던 것일까요? 그리고 활동 목적은 도대체 무엇이었을까요?

이를 알기 위해서는 16세기부터 시작된 유럽의 중국 열풍을 먼저 설명해야 합니다. 신항로 개척 시대를 맞이해 포르투갈과 네덜란드가 대표로 동방 진출을 가시화했습니다. 그러자 중국제 도자기와 비단이 흘러들었고, 유럽의 왕과 왕족, 귀족은 앞다투어 이 고급 수입품을 구매하기 시작합니다.


## 유럽에 불어닥친 중국 열풍

프랑스는 네덜란드에 이어 동인도회사를 세우고 동방무역에 본격적으로 진출했습니다. 이때 프랑스 군주는 루이 14세였는데, 그의 충실한 신하였던 재무총감 콜베르가 동방무역의 주동이 되었죠. 이때부터 도자기와 가구 등의 수많은 공예품이 동인도회사를 통해 프랑스 미술시장으로 대량 유통되었습니다. 당시 프랑스 귀족은 중국의 옻칠 기법이나 도자기 제조 기법을 전혀 몰랐어요. 마법과 같이 기이한 빛깔을 내뿜는 이 고급스러운 공예품에 프랑스 상류사회와 미술 애호가들은 이성을 잃고 말았습니다.

자신이 애호하는 물품의 재료나 원산지에 대해서는 아무런

**에르망 리쉬르의 〈소녀〉**
18세기 전반에 퍼진 시누아즈리(chinoiserie, 중국풍)를 잘 보여주는 그림이다. 당시 유럽인 사이에서는 중국 회화와 도자기를 감상하고 중국 비단옷을 입는 것이 유행이었다. 개인 소장

정보도 없이, 프랑스인들은 소장 욕구부터 불타올랐습니다. 시간이 흐르자 프랑스 왕은 중국이란 나라에 대한 지적 호기심도 발동합니다. 하지만 포르투갈과 네덜란드 상인이 전해주었던 중국 정보는 정말로 형편없었어요. 인도인을 중국인으로 묘사한 잘못된 풍속화와 가짜 뉴스가 진실인 양 돌아다녔습니다. 또 중국 관리를 황제로 잘못 그려놓은 동판화가 공식 정보로 둔갑하여 유행할 정도였습니다. 루이 14세는 중국에 대한 호기심을 참을 수 없자, 포교를 명분으로 교황청에 프랑스 신부의 중국 파견을 공식 요청합니다. 물론 경쟁국 포르투갈을 견제하려는 정치적 목적도 있었고요.

1685년 교황의 승인이 떨어집니다. 다음 해인 1686년 루이 14세는 프랑스에서 가장 똑똑하고 우수한 신부 다섯 명, 장 드 퐁타네Jean de Fontaney, 요아킴 부베, 장프랑수아 제르비용Jean-François Gerbillon, 루이 르 콩트Louis Le Comte, 클로드 드 비스델로Claude de Visdelou를 중국으로 파견합니다. 이들은 모두 파리에 있는 루이대왕학교리세 루이르그랑의 교수였으며 수학을 전

**유럽에서 유행한 중국 화병**
미국 코닝유리박물관

프랑수아 부셰의 〈중국식 정원〉
프랑스 브장송고고학예술박물관

공한 예수회 신부였어요.

당시 중국 황제였던 강희제가 수학과 천문학에 관심이 지대하다는 사실을 알고 보낸 전략적 파견이었습니다. 파견에 앞서 프랑스 왕립아카데미는 이들 신부에게 35개의 은밀한 과제를 부여했습니다. 중국의 과학과 수학의 수준, 중국인의 식재료, 여행과 운송 수단, 결혼 및 장례 등의 관습, 재산 상속에 관한 법, 여성의 사회적 지위, 가축의 형상, 중국 예술품의 제작 기법, 수공업을 비롯한 공방 체제에 관한 것 등을 조사하라고 말이죠. 총 35개 조항의 질의서 마지막 항목은 중국의 주변 국가에 관한 조사 요구였으며, 여기에는 조선왕국 '코레Corée'에 관한 정보를 수집하라는 내용도 있었습니다. 부베 신부를 비롯한 프랑스 신부들이 이기지에게 적극적으로 다가온 이유도 바로 '코레'에 관한 정보를 수집하기 위해서였죠.


## 조선에 대한 프랑스 신부의 보고서

———

코레에 관한 정보를 수집하기 위해 부베 신부는 오라총관 목극등과 함께 백두산을 등정하고, 인근에 자생하던 산삼까지 채취해 돌아옵니다. 이를 토대로 조선에 대한 정보를 프랑스에 보고했고요. 마지막으로 프랑스 출신 예수회 신부가 조선 사정에 대해 보고한 자료가 있어 소개해보고자 합니다.

그들조선왕국은 공자의 교의를 가장 존숭하고, 불교는 천시하여 도
시에 사탑을 짓도록 허락하지 않는다고 한다. 비록 몇몇 조선인
이 다른 시기에 북경에 와서 세례를 받았을 수도 있지만 천주교
는 아직 조선에 포교되지 않고 있다. 천주교가 조선에 정착하려면
중국 황제로부터 허가를 받아야 하지만, 1724년 예부가 내린 금
지령으로 선교 사업이 거의 괴멸되어서 이를 얻기란 어느 때보다
어려운 일이 되었다. 하지만 확실한 것은 하느님의 기적으로 중
국이 천주교화된다면 조선왕국의 개종은 단지 몇 해 안에 해결될
일이라는 것이다. 그 나라가 중국에 의존하는 게 이 정도였다.

___ 프랑스 예수회 신부가 본국에 전달한 〈조선에 대한 보고서〉

**서양 역사 톺아보기**

부베 신부가 백두산을 둘러보던 1712년, 서양에서는 무슨 일이 있었을
까? 이때 프랑스에서는 《사회계약론》의 저자 루소Jean-Jacques Rousseau,
1712~1778가 태어났다. 루소는 경제적 평등을 주장했는데 이 때문에 그를 '원시적 공산
주의자'로 부르는 사람도 있다. 그는 원래 음악가였다. 자서전에 따르면 음악가로 성공
한 그는 프랑스 국왕 루이 15세를 알현할 기회도 얻었다. 그러나 커피로 인한 각성 및
비뇨기 장애 문제가 있어서, 왕을 만난다는 생각에 너무나도 긴장한 나머지 알현을 포기
했다고 한다.

# 20

## 조선 시대에
## 수레가 없었다는 건 거짓말이다?

: 수레 마차 이야기

오늘날 시대정신으로 많은 존경을 받는 사람이 바로 실학자 박제가입니다. 박제가는 저서 《북학의北學議》에서 수레를 사용하지 않는 낙후된 국내 현실을 개탄했습니다. 여기서 그가 말하는 수레는 소가 끄는 달구지가 아니라 튼튼한 말이 끄는 마차를 말합니다. 청나라에서 흔히 이용하던 태평거太平車 역시 말이 끄는 수레였죠.

사실 박제가의 이런 주장은 사실과 다른 면이 있어요! 함흥과 같은 북쪽 지역에서는 이미 수레가 물류 이동의 도구로 사용되고 있었습니다. 왜 함흥에서만 말이 끄는 수레가 있었냐고 반문하신다면, 대답을 해드리겠습니다. 당시 함흥을 위시한 함경도에는 튼튼한 군마가 많았는데요. 함경도 북병영北兵營에는 친기위親騎衛라고 불리는 정예 기마부대가 있었고, 기병부대의 튼튼한 군마는 청나라에서 직접 수입해 왔기 때문에 우리나라에서 교통수단으로 많이 쓰던 제주의 조랑말과는 무척 달랐습니다. 힘과 체격에서 월등한 차이를 보였기 때문에 수레 사용에 알뜰살뜰 이용된 것으로 보입니다.


## 천재 세종대왕이 만든 수레, 기리고차

조선 전기인 세종 치세만 해도 말이 끌던 마차 수레인 '기리고차記里鼓車'가 있었습니다. 톱니바퀴의 움직임을 이용해 거리를 측정하던 수레로, 현재의 택시 미터기처럼 얼마나 달렸는지 알려주었어요. 이는 영국보다 300여 년이나 앞선 기술이었다고 하네요. 아쉽게도 말을 이용한 수레 제도는 어찌 된 일인지 폐지돼 버렸습니다. 이런 사실은 《조선왕조실록》에도 실려 있습니다.

우리나라 땅이 중국과 같이 평탄하면 수레를 쓰는 것이 어렵지 아니하나, 세종조世宗朝에도 역마다 수레를 쓰게 하였는데 길이 험하여 행하기 어려워서 결국 폐하였습니다. 이제 다시 수레를 사용

하는 법을 세울지라도 또한 다시 쓰지 못할 것입니다. 민간의 평
탄한 곳에는 지금도 쓰고 있으나, 참부站夫. 역졸들이 수송하는 데
쓴다는 것은 아직 듣지 못하였습니다.

＿＿《문종실록》6권, 문종 1년 2월 13일 임오 3번째 기사


아쉬운 마음만 남기고 폐지된 수레 제도가 웬일인지 수백
년 뒤에 다시 등장합니다. 조선 후기 정조 때 수레 사용에 대한
상소문이 재차 나오기 시작한 것이죠.


## 마차 수레를 다시 등장시킨 정조

우리 조상은 편리한 이 운송 수단을 포기할 수 없었던 게 분
명합니다. 정조 7년1783 홍양호洪良浩, 1724~1802라는 인물이 중국
에 사신으로 갔다 오면서 북경에서 사용되는 수레를 직접 타보
고 그 편리성을 자각했습니다. 그는 조선에서도 말이 끄는 수레
를 한번 사용해보자고 제안했지만 조정에서는 별다른 언급이 나
오지 않았습니다. 수레를 사용하자는 주장은 여기서 끝나지 않
습니다. 정조 17년1793에는 사헌부 장령 정의조鄭毅祚, 1739~?가 수
레 제도의 설치를 강력하게 다시 주장합니다. 지리 산천의 유불
리 한 형세를 지적하면서 말이죠.

장령 정의조가 아뢰기를

"우리나라는 산이 많고 들이 좁아서 수레로 짐을 운반하는 것이 편리하지 못하고 오직 북도의 함흥 지역 등 여러 곳에서만 백성이 익숙하게 사용하고 있습니다. 수원부水原府는 지형이 평평하여 함흥과 다를 바가 없으니, 지금 함흥과 똑같이 수레로 운반하는 제도를 창안하여 강과 바다에서 나는 산물과 남쪽과 북쪽에서 생산되는 화물을 손쉽게 수송하여 유통하게 하면 틀림없이 고을의 수용需用과 주민의 살림살이에 보탬이 있을 것입니다. 묘당33)으로 하여금 수레 제도를 강구하고 백성을 지휘해서 시행하도록 하소서."

하니, 임금정조이 따랐다.

___《정조실록》 38권, 정조 17년 10월 5일 을축 3번째 기사

## 사치품으로 공격받았던 조선의 수레

상소문이 꾸준히 임금 앞에 올라오더니, 드디어 우리나라에서도 말이 끄는 수레를 사용하기 시작합니다. 조선 영·정조 시절의 화가 김홍도의 그림에 말이 끄는 수레가 등장하는데, 청나라에서 흔히 썼던 태평거와 비슷한 것으로 보입니다. 그런데 이

---

33) 廟堂. 조선 시대 행정부 최고 기관이었던 의정부를 이른다.

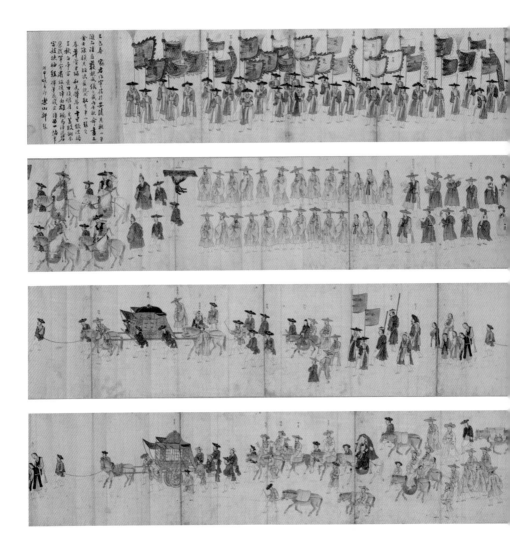

**신임 관리의 행차**

김홍도 그림에 등장하는 말이 끌던 수레인 조선의 마차. 정조 대부터 보급된 것으로 추정된다. 국립중앙박물관

조선식 마차는 서울 사대부 사이에서 사치품으로 인식된 듯해요.
언론을 담당하던 사헌부, 사간원, 홍문관 삼사의 신하가 수레의
사치스러움을 못마땅하게 여긴 대목이 사서에 남아 있거든요.

홍문관 교리 고시신이 다음과 같이 상소했다.
"신이 서울에 와서 귀로 듣고 눈으로 본 바로 말한다면, 오늘날 같
은 사치스러움은 이제껏 없었습니다. 오늘날 경대부卿大夫 된 자가
화려한 수레를 타고 따뜻한 비단옷을 입으며 특별히 좋은 집에
거처하면서 지극히 기이하고 교묘한 놀이를 즐기지 않는다면, 모
두가 부끄럽게 여깁니다. 가마 메는 하인까지도 너나없이 경대부

와 견주고자 하며, 심지어는 초서피貂鼠皮. 가죽와 주패珠貝. 진주 등의 보석로 꾸미고, 수레나 말이나 주택도 사치하지 않는 이가 없습니다. 이같이 하고서 국가의 용도와 백성의 재물이 어찌 탕진되지 않을 수 있겠습니까? 진실로 위에서 솔선수범하신다면 이런 폐해들의 고침은 손바닥을 뒤집듯이 쉬울 것입니다. (중략)

제도를 벗어난 수레, 말, 주택과 연경에서 사들인 고급 비단을 각별하게 엄히 금지하소서. 그러면 필시 명령하지 않아도 자연히 교화될 것입니다."

———《순조실록》29권, 순조 27년 4월 17일 임술 3번째 기사

실록을 통해 서울 고관만 수레를 사용하던 세태를 질타하고 있는 언관의 모습을 잘 볼 수 있네요! 하지만 헌종 시절이 되면 수레가 고관의 교통수단으로 자리매김해 보편적으로 사용되고 있음이 또다시 확인됩니다. 그래서 신하들이 한낱 무부인 무관은 말이 끄는 수레를 타지 못하도록 상소까지 올리는 지경에 이르죠.

박종훈이 곤수[34] 이하 수령 및 변방 장수에게 수레를 타지 못하도록 아뢰기를

---

34) 閫帥. 병마절도사와 수군절도사를 이른다.

"무관이 수레를 타는 것은 금지한 바가 있는데, 곤수의 전방 부대에서 역마驛馬를 타도록 허락받은 자가 이 풍습을 숭상하여 수레가 아니면 타지를 않습니다. 그래서 수레에 익숙하지 않은 말이 지극히 크고 무거운 수레를 끌게 되니, 겨우 한 번의 행차만 치르면 반드시 말이 쓰러져 죽고야 맙니다. 험한 길에서 수레를 끌고 가는 것이 육지에서 배를 타는 것과 무엇이 다르겠습니까? 서북

**우설비비**
무호(無號) 이한복(李漢福, 1897~1940)이 소장했던 화첩의 일부. 우설비비(雨雪霏霏)는 《시경(詩經)》의 〈채미(采薇)〉에 나오는 구절로 원뜻은 '함박눈이 펄펄 내리다'이나, '먼 길 떠나는 사람을 그리워하다'라는 의미로도 많이 사용된다. 작품을 자세히 들여다보면 마차 수레(붉은 네모 칸)를 확인할 수 있다. 이는 서장관으로 북경을 향해 떠나는 조병호(趙秉鎬, 1847~1910)의 수레다. 태평거와 같은 마차는 비바람을 막아주고 누운 채로 이동할 수 있어 편의성이 컸던 것으로 보인다. 개인 소장(필자 촬영본)

西北의 도로가 날로 황폐해지고 피폐해가는 것이 오로지 이것 때문인데, 이번의 행차에서 본 역참驛站 마졸馬卒의 형편이 못난 것은 지난해보다도 갑절이나 심했습니다. 이제부터 곤수 이하 수령 및 변방 장수로서 만약 수레를 타는 자가 있으면, 역의 책임자로 하여금 감영監營에 보고하고 일일이 임금께 알리도록 하여 외람되게 수레를 탄 위법을 다스리도록 하소서."

하니, 그대로 따랐다.

_____《헌종실록》4권, 헌종 3년 10월 30일 갑술 2번째 기사

우리나라가 시대에 뒤떨어진 나머지 중국처럼 수레를 이용하지 못했다는 것은 사실과 달랐습니다. 조선 전기 세종 시절에 마차 수레 제도가 있었으나 폐지되었고, 정조 시절부터 제도가 다시 마련되어 조선 후기에는 고관의 운송 수단으로 사용되었다는 게 역사적 진실입니다.

**서양 역사 돌아보기**

조선에서 마차 수레가 사용되기 시작하던 18세기 후반, 서양에서는 어떤 일이 벌어지고 있었을까? 당시 서양은 근대가 완성되던 시기였다. 새로운 물결이 서양 세계를 휩쓸었는데, 유럽의 강대국 프랑스와 영국 그리고 바다 너머 미국이 파란의 중심이었다. 루이 14세 시절 최전성기를 맞았던 프랑스의 부르봉 왕가는 차츰 내리막길을 걷더니, 계몽주의의 영향으로 대혁명이 일어나 구체제가 무너졌다. 영국에서는 산업혁명으로 자본주의가 도래해 자본가가 탄생했고, 돈이 권력이 되었다. 미국에서는 세계 역사상 처음으로 민주 정부를 수립한다. 국민이 선출한 대통령이 나라를 통치하기 시작한 것이다.

# 21

# 조선 왕가에는
# 애틋한 우애를 보여준 남매가 있었다?

: 효명세자와 명온공주 이야기

효명세자孝明世子 이영李旲, 1809~1830[35]은 순조와 순원왕후 김씨의
1남 3녀 중 장남으로 태어났습니다. 그런데 세자의 자질이 남
달랐나 봅니다. 처가인 안동 김씨와 외가인 박남 박씨의 세도에
무력했던 순조와 달리 학문도 출중했고, 무너져가는 조선왕조
를 재건해보려는 의지도 컸기 때문이죠.

　가족을 향한 애정도 신실했습니다. 1828년 어머니 순원왕후
의 생신을 위해 궁중 무용극인 정재呈才를 창작했는데요. 〈춘앵전

---

35)　왕이 되지 못하고 세자 때 죽어, 후에 아들 헌종이 즉위하자 익종(翼宗)으로 추존되었다.

<sup>春鶯囀</sup>)〉이란 이 작품은 이른 봄날 아침에 노래하는 꾀꼬리의 자태를 무용으로 만든 것으로, 은유적인 시적 언어를 서정적인 몸적 언어로 치환해 예술성과 창조성을 동시에 이루어냈다는 평가를 받습니다. 효명세자가 지금 태어났다면 한국을 대표하는 세계적인 연출 감독이 되었을지도 모르겠네요.

## 줄줄이 사탕, 세 자매 공주님

효명세자는 부모님을 향한 효성뿐만 아니라 우애도 남달랐습니다. 그에게는 친누이동생이 셋 있었는데, 첫째가 명온<sup>明溫,</sup> 1810~1832, 둘째가 복온<sup>福溫</sup>, 셋째가 덕온<sup>德溫</sup> 공주였어요. 효명세자는 자신의 글에서 누이들의 성격을 다음과 같이 자세히 밝히고 있습니다.

명온이는 성품이 영명하고 기골이 청수<sup>淸秀</sup>하며 시문에도 능통하다

복온이는 품성이 번화하고 기골이 풍영<sup>豊盈</sup>하여 수중의 연꽃 같다

덕온이는 성격이 총혜<sup>聰慧</sup>하고 기골이 청명한데 하루 종일 말없이 조용히 앉아 있다

———《익종간찰첩<sup>翼宗簡札帖</sup>》,〈삼매연림<sup>三妹連林</sup>〉

명온공주는 똑똑하면서도 미모가 출중했던 모양입니다. '청수'라는 단어는 빼어난 미인에게 쓰는 말이거든요. 복온공주는 체격이 통통했나 봅니다. '풍영'은 '풍만하고 기름지다'라는 뜻이기 때문입니다. 덕온공주는 '총혜', 즉 총명하고 슬기롭지만 막내여서 그런지 말없이 조용한 성격이었던 것 같고요. 오늘날에도 형제가 많은 집의 막내는 형들에게 치어 말수가 적은 경우가 많은데, 왕실도 다르지 않았나 보네요. 효명은 누이들을 관찰하다가 사탕처럼 줄줄이 앉아 있는 모양새를 보고 마치 나무가 연이어 있는 숲과 같다며 '연림連林'이라는 말을 붙였습니다. 그래서 누이들을 삼매연림, 즉 '세 명의 여동생이 숲처럼 연달아 있다'라고 표현했던 것이죠.

## 누이와 시를 주고받던 낭만파 효명세자

효명세자는 세 누이 중 특히 명온공주와 사이가 좋았습니다. 나이 차도 가장 적은 데다 시를 잘 지어 마음을 나눌 수 있었기 때문이죠. 얼마나 시재가 능통했는지 송나라의 유명 시인 소동파의 누이에 견주어 '매란여사梅蘭女史'라는 호까지 직접 지어주었습니다.

효명세자의 문집인 《경헌집敬軒集》과 《담여헌시집談如軒詩集》에

는 누이들에게 보낸 시가 여럿 실려 있
는데, 대개 시부모님을 공경하고 남편
을 잘 섬기라는 유학적 주제를 담고 있
습니다. 유교 국가인 조선왕조 왕실의
공식 문집이므로 효명세자의 시를 싣
는 데에도 의도적인 편집이 있었을 것
으로 생각되네요. 한번 들여다볼까요?

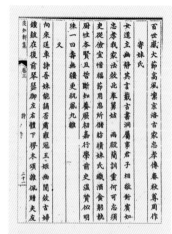

**담여헌시집**
효명세자의 문집인 《담여헌시집》 가운데
누이동생에게 보내는 시 〈누이에게 보냄
(寄妹氏)〉. 인쇄본 같지만 모두 손으로 직
접 쓴 손 글씨다. 한국학중앙연구원 장서각

### 누이에게 보냄

여자의 도리는 한가로움 사이에 주재
한다고 하니
그 말은 옛 책에 실려 있습니다
남편 섬기기를 조심하여
서로 손님처럼 공경히 대하세요


충효는 우리 집안의 가법이라
이를 본받아 시부모님을 잘 모시길 바랍니다
두 분 전하의 가르침이 매우 중하니
어찌 잠시라도 잊을 수 있겠습니까?

검소함을 따라 마땅히 복을 아껴야 하는 법이요

쓰임은 줄여서 남에게 베풀어야 합니다

길쌈하는 것은 그대의 직분이며

몸소 부엌에 들어가 음식과 술도 장만해야 합니다


여자의 본성은 본디 현명한 법이니

틀림없이 선심을 길렀을 겁니다

아름다운 행실은 앞선 역사에서 배우는 법이라

어진 성품은 맑은 구슬과 같지요


한결같이 누이의 만수무강을 빌며

다시 한 번 봉육구추36)를 기원합니다


시집간 누이에게 남편 섬기기를 잘하고 시부모님을 잘 모시
라는 말을 건네고 있습니다. 이런 말을 하는 데에는 이유가 있어
요. 아무리 며느리라 해도 시가에서는 왕실의 공주나 옹주를 함
부로 대할 수 없었습니다. 엄연히 신분의 차이가 있었기 때문이
죠. 그래서 며느리로서 당연히 해야 할 도리마저 하지 않는 경우
가 의외로 많았습니다. 역사적으로 보더라도 공주나 옹주는 아

---

36)　鳳育九雛. 다산을 기원한다는 의미다.

무런 직분 없이 놀고먹으며 한가함을 즐겼어요. 효명세자는 이를 경계하여 누이들에게 보통 사람처럼 며느리로서 직분을 지키라고 조언했던 것입니다. 이 시의 대상이 명온공주인지 복온공주인지는 알 수 없지만, 정황상 명온공주에게 보낸 시로 생각됩니다.

이것 말고 더 재미있는 효명세자의 시가 있는데, 바로 누이를 그리워하는 〈상사시想思詩〉입니다. '상사相思'라는 단어는 서로 그리워한다는 말이죠. 세자와 공주의 우애가 얼마나 깊었는지 한번 들여다볼까요?

수레를 보낸 지 이미 사흘이나 되니
내 심사가 어둑어둑하다네!

서글퍼서 저녁 산을 대하고 있건만
그저 매미 울음소리만 수풀에 가득하구나

시집가서 오랜만에 궁에 온 누이를 보고 효명세자는 기뻤지만 주어진 시간은 얼마 되지 않았어요. 사랑하는 누이를 다시 시댁으로 떠나보내면서 비통한 심사를 시어에 풀어놓았던 것입니다. 슬프고 애달픈 심정을 매미 울음소리에 실은 은유적 표현이 아주 절실하고 멋있네요. 효명세자와 명온공주가 주고받은 시문에는 그리움이 절정에 닿아 있습니다. 그 시는 전형적인 당나라의 시풍으로 시의詩意가 맑고 여운이 깊습니다.

**세자 저하에게**

가을의 서리 내리는 밤은 한창인데
홀로 등잔불의 가벼움을 대하였습니다

머리 조아려 멀리 형을 생각하옵는데
창 너머엔 기러기 우는 소리만 들립니다

이 시를 받은 효명세자는 '머리 조아려 멀리 형을 생각하옵는데……'라는 대목에 눈길을 멈추고선 '이 구절은 나를 생각함인가? 그윽히 감사하노라'라며 고마움과 함께 답시를 보냈습니다.

**명온에게 답함**

산창山窓에 나뭇잎 떨어지는 소리
시인의 수심은 몇 겹이나 될꼬?

피리한 달은 꿈속에서도 괴로운데

**문조(익종) 어진**
효명세자가 열여덟 살이던 1826년
의 모습. 화재로 그림의 절반 이상이
소실되어 정확히 알 수 없지만, 왼
쪽 옆얼굴이 약간 보이는 자세를 취
하고 있다. 고종 때 문조(文祖)로 묘
호를 바꾸어, 익종과 문조 모두 효
명세자를 가리킨다. 국립고궁박물관
http://www.gogung.go.kr

쇠잔한 등잔은 누구를 위해 머무르는가

효명세자와 명온공주는 나이 차도 그리 나지 않았고, 문예
도 출중하여 지음知音으로 서로를 인정한 듯해요.

## 연이은 조선 왕실의 불행과 안동 김씨의 세도정치

시심이 깊던 명온공주는 열네 살에 동갑내기인 동녕위東寧尉
김현근金賢根, 1810~1868에게 하가37)하였습니다. 어머니 순원왕후
김씨와 외할아버지 영안부원군 김조순의 뜻이 반영되었다고 하
네요. 부마 간택이 김현근을 중심으로 진행되었다는 증거는《조
선왕조실록》과《승정원일기》에 뚜렷이 나타나 있습니다. 김현근
은 명온공주의 외가인 안동 김씨 김상용의 8대손으로, 선원 김
상용의 친동생 청음 김상헌의 9대 외손인 명온공주와는 이성 친
족입니다. 조선 시대에 성이 다른 친족 간의 혼인은 아주 흔했기
때문에 문제가 되지는 않습니다. 비난의 여지가 있다면 '왜 굳이
왕가의 사위를 김조순의 안동 김씨 집안에서 구했는가'라는 점
이죠. 둘째 딸 복온공주 역시 안동 김씨인 창녕위昌寧尉 김병주金炳

---

37) 下嫁. 공주나 옹주가 신하에게 시집가는 것을 말한다.

璿와 혼인하였습니다. 이쯤 되면 왕실과의 족적 결합을 통해 정치적 입지를 공고히 하려는 안동 김씨 집안의 의도를 읽을 수 있네요. 조선 팔도에 '이제 안동 김씨 세상이 되었다'는 소문이 돌던 것도 당연했을 터입니다.

순조는 자신의 아버지 정조를 닮아 똑똑했던 효명세자에게 대리청정을 시킵니다. 하지만 1830년 효명세자는 갑자기 피를 토하며 세상을 떠나버리고, 오라버니의 죽음에 낙망한 명온공주 역시 2년 후 숨을 거둡니다. 순조가 죽은 세자를 대신해 국정에 복귀하지만 극심한 무력감에 시달리다 결국 1834년 승하하고, 조선왕조는 안동 김씨의 세상이 되어 점차 망국으로 치닫게 됩니다.

**서양 역사 톺아보기**

효명세자가 〈춘앵전〉을 제작한 1828년 무렵, 서양에서는 어떤 일이 벌어졌을까? 미국에서는 1829년 앤드류 잭슨Andrew Jackson, 1767~1845이 제7대 대통령으로 취임했다. 그는 군인 출신의 전쟁 영웅으로, 미국 최초의 평민 출신 · 아일랜드계 · 민주당 소속 대통령이다. 잭슨 대통령은 지주에게만 주어졌던 선거권을 미국 모든 주의 백인 남성으로 확대했는데, 이는 보통선거제의 효시로 평가받는다. 그뿐만 아니라 '관직순환제'를 도입해 소수의 정치 엘리트에게만 허락되었던 관직을 일반 대중에게까지 넓혀주었다. 이 같은 일련의 정치적 변화를 통틀어 '잭슨 민주주의Jacksonian Democracy'라고 부른다.

# 22

# 한글이 조선 여인의
# 한을 풀어주었다?

: 조선 시대 한글 소송 이야기

세종대왕이 한글을 만든 이후 문자의 혜택을 가장 많이 입은 사람은 바로 여성이었습니다. 일반 백성도 마찬가지였겠지만, 특히나 한글 창제 이전의 여인들은 원통한 일이 있어도 자기 목소리를 내기 어려웠습니다. 대부분이 글을 몰랐기 때문이죠. 글을 아는 사람은 극소수의 남성뿐이었습니다. 그래서 여인들은 억울한 일이 생기면 집안의 남성을 대리인으로 내세우거나, 문자 소양이 있는 이에게 소송을 부탁하는 방법밖에 없었어요. 다행히 이런 행태는 오래가지 못했습니다. 한글이 창제되었거든요. 한글이 세상에 널리 쓰이자 여성도 자신의 힘으로 하소연할 수 있는 시대가 열립니다.


## 한글 창제 이전, 아버지에게 의지하던 여인들

그렇다면 한글 창제 이전의 시대를 살았던 여인들은 어떻게 억울함을 호소했을까요? 그 답은《조선왕조실록》에 있습니다.

태종 2년1402 박저생이란 자가 화가 난다는 이유로 고기 굽는 석쇠로 아내 이씨를 구타했습니다. 사건의 발단은 남편의 외도였습니다. 박저생이 집안의 여종을 가까이하자 이씨 부인은 크게 화를 냈어요. 자신의 행동을 꾸짖는 아내가 미웠던 박저생은 부엌에 있던 석쇠를 가지고 나와 아내를 두들겨 팼습니다. 언어맞은 부인은 이 사실을 곧장 아버지 이서원에게 알렸고, 재상의 지위에 있던 이서원은 사헌부로 달려가 사위의 부당한 행동을 고발했습니다. 딸을 대신해 아버지가 고발하는 것이 당시의 법도였거든요.

이 방법 말고도 여인들은 한문에 소양이 있는 사람을 구해 자신의 억울한 사연을 알리기도 했습니다. 하지만 글을 알지 못하는 처지라 자신의 의사가 제대로 전달되었는지 알 수 없었어요. 그런 까닭에 잘못된 소장의 내용을 발견하지 못한 나머지 피해를 입는 경우도 많았습니다. 이런 암흑의 시대에 큰 변화가 일

교과서 밖 ───── 조선의 역사

어납니다. 세종대왕이 한글을 창제하여 '쉬운 글자로 내 뜻을 펼 수 있는 세상'이 도래했기 때문이죠.

## 여성의 억울함을 풀어준, 소중한 한글

　조선 시대의 소송 문서는 대부분 한자로 작성했습니다. 그렇지만 꼭 한자를 사용해야 한다는 법 규정은 없었어요. 한글로도 소장 작성이 가능했다는 말입니다. 양반이야 한문 소양이 있어서 자신의 억울한 심정을 구구절절 묘사해 유리한 재판 결과를 끌어낼 수 있었지만, 학식이 모자란 여성이나 평민의 경우에는 한문을 모르니 억울한 심사를 자세히 표현하기가 어려웠습니다. 남이 써준다고 해도 글을 몰라서 정확한 표현을 적어놓았는지도 알 수 없었고요. 이런 어려운 상황 속에서 등장한 한글은 앞서 말한 맹점을 일거에 없애주었습니다. 한글은 표음문자입니다. 글을 쓰지는 못한다고 해도 최소한 읽을 수는 있으니 자신이 직접 어투 등을 확인해가며 최종 수정을 가할 수 있었습니다.

　이런 사례 가운데 하나가 바로 장 소사[38]의 한글 원정[39] 이

---

38)　김史. 조선 시대에 기혼 여성이나 과부에게 사용했던 칭호. 이두로 '조이'라고도 한다.
39)　原情. 개인의 억울한 사정을 하소연하는 문서다.

야기입니다. 조선 후기 경상도 상주 지방 평민이었던 장 소사는 토지 분쟁을 겪었는데요. 이 문제를 해결하고자 장 소사가 제기한 소송 문서 중에는 한글로 작성한 문서도 있었습니다. 이야기는 이렇습니다.

장씨 성을 쓰는 평범한 여인이었던 장 소사는 고향을 떠나 김유복이라는 사람에게 시집갔습니다. 조선 후기에 결혼한 여성은 곧 출가외인이었습니다. 결혼 풍속의 변화로 멀리 떠나 살았기 때문에 친정 출입을 자주 하지 못했고, 그래서 친정에 숟가락이 몇 개, 젓가락이 몇 개인지 잘 모르는 것은 당연지사였어요. 그러다 보니 친정 재산이 어떻게 돌아가는지도 잘 몰랐고요. 장 소사도 마찬가지였습니다. 아버지가 돌아가시고 유산 정리를 하다가 약간의 농토가 있다는 것을 그제야 알게 됩니다. 유산은 친딸인 장 소사와 사위인 김유복에게 상속되었고, 그 대가로 아버지 제사를 도맡았어요. 평화로운 나날을 보내던 장 소사 부부에게 풍파가 닥칩니다. 고씨 성을 쓰는 사람이 나타나 토지소유권을 주장하고 나섰기 때문입니다.

## 구구절절한 사연을 표현한 한글의 위력

———

고씨는 장 소사의 인척이었습니다. 아버지의 외가 쪽으로

6촌관계였죠. 그는 장 소사의 아버지가 돌아가시자 장례를 치러주었다고 합니다. 고씨 집안 무남독녀인 장 소사에게는 아버지의 부고를 알리지도 않은 채, 몰래 장례를 치르면서 땅문서도 같이 가지고 간 것으로 보입니다. 소유권을 주장한 고씨에게 대항해 장 소사 부부는 항변 문서를 올렸지만 상황은 불리하게 돌아갔어요. 장 소사 부부가 전답 문서를 가지고 있지 않았거든요. 원래 상속자가 땅문서를 가지고 있지 않으면 관청으로 가서 사또에게 소유권에 대한 공증을 의뢰하고 '입지立旨'라는 확인서를 발급받는 게 원칙입니다. 무슨 연유에서인지 장 소사 부부는 그렇게 하지 않았고, 자칫 잘못하다가는 땅을 빼앗길 처지에 놓였죠. 이때 장 소사는 한글로 구구절절한 심정을 표현하며 감정에 의지한 호소를 시작합니다.

…… 3대를 세거하던 장봉손의 여식인바, 무남독녀로서 김가에게 시집간 여자의 몸인 까닭으로 시가를 따라 다른 지역에 가서 살게 되었더니, 기구한 팔자로 인해 아버지가 돌아가셔도 전혀 몰랐습니다. 우연히 집에 와보니 초종初終은 이 몸의 진외가陳外家 6촌인 고 첨지가 치러주었기에 각골지은[40]으로만 알았습니다. 남은 재산이라고는 10여 두의 전답뿐인데, 이 전답을 단지 땅으로 여

---

**40)** 刻骨至恩. 뼈에 사무치는 은혜를 뜻한다.

기지 않고 오라비로 알아서 세상이 끝날 때까지 전하여 아버지를 제사 지낼까 바라 마지 않았더니, 천천만만 몽매 외로 고 첨지가 그놈의 증조부 전답이라 하여 빼앗아가려고 하기에 뼈에 사무치는 원한을 새기고 있습니다. (하략)

한글 원정을 읽어보니 심사가 절절합니다. 아버지가 돌아가신 것도 모를 만큼 먼 지역에 떨어져 살았던 기구한 팔자를 설명하고, 아들 없이 딸만 있으니 아버지 제사를 도맡아 지내기로 한 효녀의 심정도 표현하고 있네요. 한글 원정의 효과가 있었는지 이를 읽어본 동임洞任은 1차 판결을 내립니다.

소장의 내용이 위와 같다면 고 첨지의 행동은 매우 놀라운 일이니, 전답 문서를 가지고 소장을 올린 여인과 고 첨지가 함께 출두하라⋯⋯.

이 판결로 인해 장 소사 부부에게도 실낱같은 희망이 보이기 시작합니다. 고씨 역시 전답 문서를 가지고 있지 않다는 것을 알았기 때문입니다. 이렇게 되면 승소 가능성도 보이는 셈이죠. 소송에서 유리한 고지를 점령한 장 소사 부부는 억울한 심정을 표현한 소장을 꾸준히 올렸습니다. 차근차근 계단을 올라가듯이 소송을 진행했더니, 마침내 상부 관청인 상주 목사에게까지 하소연할 기회가 주어졌습니다. 사연을 들은 목사는 판결을 내립니다.

소장의 내용과 같다면 지극히 통분하고 미워해야 할 일이니, 각별히 살펴 땅을 빼앗지 못하도록 할 것이다.

드디어 장 소사가 소송에서 이겼습니다! 부부는 잃어버렸던 전답 문서도 다시 발급받았고, 관청에서는 전답 문서를 고 첨지가 훔쳐갔다는 내용까지 별도로 기록해주었어요. 송사가 끝난 장 소사 부부는 이 전답을 금석과 같이 여기며 평생 오손도손 살았겠죠.

## 윤씨 부인의 억울한 사연을 담은 한글 소장

장 소사와 같이 평민 여성만 한글로 원통함을 호소한 것은 아닙니다. 양반 사대부 여인도 한글을 가지고 자기 목소리를 냈어요. 19세기 문경에서 일어난 윤씨 부인의 사례가 이를 대변하고 있습니다.

윤씨 부인은 무척 불행한 여인이었습니다. 평산 신씨 집안에 시집을 갔지만 스물여섯이란 젊은 나이에 청상과부가 되었고, 아이도 없었습니다. 평민이라면 다른 남자와 재혼할 수 있었겠지만, 양반 여성은 평생 수절이 의무였습니다. 다행스러운 점이 있다면 시어머니도 과부였던지라 남편 없는 여인의 심정을 알았다는 것이에요. 그래서 시집 말고 친정으로 가서 부모님을 모시라는 영을 내렸고, 윤씨 부인은 10년이란 세월 동안 친정 부모님 곁에서 살았습니다. 그러던 어느 날 그녀는 친정을 떠나 시댁으로 돌아갈 결심을 하게 됩니다. 양자를 들여 쇠락해가던 시댁을 크게 일으켜 보기로 마음먹은 것이죠. 제사 지낼 자손 하나 없이, 하염없이 무너져가던 시댁이 안타까웠을 겁니다. 이러한 사고방식은 양반 사대부 여성이라면 누구나 가지고 있는 의식이었기에, 요즘과는 다르다는 사실을 유념해야 합니다.

시댁에 돌아온 윤씨 부인은 자나 깨나 양자 들일 궁리를 했어요! 하지만 가난한 집에 친자식을 양자로 보낼 부모는 없었습니다. 높은 관직을 역임한 선조라도 있으면 명예가 빛나는 집안이라 대를 잇는 것도 영광일 수 있겠지만, 윤씨 부인의 시댁은 그런 집안도 아니었습니다. 묘책이 필요한 시점이었죠.

이때 기회가 찾아왔습니다. 어느 친척이 상을 당해 부모를 모실 분묘가 필요했고, 남편을 모신 선영 한쪽을 나누어 준다면 양자를 보내주겠다고 제안했거든요. 윤씨 부인은 고민합니다. 남편 산소 가까이 무덤을 쓰면 남편에게 죄인이 되고, 양자를 들이지 못하면 조상에게 죄가 되니, 머리가 아프고 무거웠을 겁니다. 천만번 생각한 끝에 지하에 있는 남편의 한 번 꾸지람보다 양자를 들여 집안을 대대로 전하는 게 더욱 낫다고 생각해 제안을 받아들입니다.


## 고씨 집안에게 욕을 당한 윤씨 부인

이런저런 집안일로 어수선하던 때 윤씨 부인은 땔나무를 하러 집안의 선영이 있는 산으로 갔고, 그곳에서 고씨 성을 쓰는 양반들에게 큰 낭패를 겪습니다. 윤씨 부인이 나타났다는 말에 고씨 양반들이 몰려와 "이것이 양반인가? 이것이 여자인가?"라며 희롱하고 차마 하지 못할 욕설까지 내뱉은 것이죠.

원래 고씨 집안은 윤씨 집안 선산에 무덤을 쓴 사람들로, 윤씨 부인의 집안과 사이가 별로 좋지 못했습니다. 몇 년 전 시어머니가 돌아가신 후에 윤씨 부인은 시어머니 무덤을 선산에 만들려고 했습니다. 하지만 고씨 일가가 집안 무덤을 지킨다는 명목을 내세워 시어머니 묘를 조성하지 못하도록 떼를 썼어요. 윤씨 부인이 남편 잃은 과부에다가 시댁이 몰락하여 아무런 세력도 없다는 것을 잘 알았기에 힘으로 눌러버린 겁니다. 이렇게 되자 무덤 한쪽을 양보하고서 양자를 들이는 일도 굉장히 어려워졌습니다. 자칫 잘못하다가는 집안 선산을 통째로 고씨 일가에게 강탈당할 수도 있었고요.

욕을 당한 윤씨 부인은 이 사건을 기회로 불리한 집안 형세를 바꿔보려는 전략을 썼습니다. 관아에다 고씨 집안을 고발한 겁니다. 보통은 한문으로 소장을 작성해 사또에게 진정을 드리는 게 상식이지만, 윤씨 부인은 한글을 잘 알고 유려한 문체로 작성할 수 있는 능력도 있었습니다. 게다가 여성의 억울함을 표현하는 데에는 한문보다 한글이 더욱 효과가 있었죠. 그렇다면 윤씨 부인의 한글 소장을 짧게나마 살펴봅시다!

미망인윤씨 부인의 시댁 선영은 우지동 동쪽 기슭의 작은 토지입니다. 남쪽으로 400여 보 밖에 상주 예동 고씨 가문의 선영이 있으되, 고씨가 말끝마다 안산案山, 선산의 중심을 지킨다 하고선 미망인의 선영 뒤쪽에 있는 1척의 땅을 빼앗아갈 마음으로 해마다 시비를 걸었습니다. 하늘에 사무치는 극악한 욕을 당했지만 남녀의 길이 달라서 천지간에 일을 아뢰지 못했습니다. 미망인이 원통한 일을 결단하지 못해 이제야 관청에 출입할 지경인지라 미망인의 자초지종을 아룁니다. (중략)
미망인도 원래 사대부의 후예로서 젊은 나이에 홀로되어 집이 가난하고 어버이가 연로함에 의탁이 없어 친정에서 10여 년 있다가, 시댁이 대대로 제사를 받들어야 하는 집임에도 제사를 받들 자손이 없는 것을 생각한즉, 미망인의 혈혈단신이 한심하고 몹시 슬퍼서 곱절로 살지라도 홀홀한 세월을 헛되이 보내기가 만부당하다고 생각했습니다. 그래서 양자를 들이고선 집안의 대를 이을 묘책이 있을까 하여 시댁에 돌아왔습니다. (중략)

고씨 사람들이 하늘을 우러러 웃으며 말하되 "이것이 양반인가? 이것이 부녀인가?" 하고선 모두 돌아갔는데, 홀연히 그 집안사람 하나가 다가와 무한히 곤란한 상황에 이제껏 들어보지 못한 욕설을 했습니다. 미망인은 그 자리에서 죽고 싶었습니다만, 그렇게 되면 치욕을 씻을 길이 없게 되므로 천고에 듣지 못하던 변고를 수령께 아룁니다. 삼가 바라건대 수령께서는 밝게 살펴서 저의 치욕을 씻어주시고 선영을 지키게 해주시면, 죽어서 지하에 돌아가서도 원귀寃鬼를 면할까 합니다.

저 역시 양반의 자식으로서, 이렇듯 천고에 없는 욕설을 한들 천지가 있고 일월이 밝고 분의分義가 있는데 이런 일을 어찌 그저 두겠습니까? 삼가 바라건대 수령께서는 고가와 고가의 산지기를 잡아다가 관청에서 크게 다스려 귀양을 보내주시고, 미망인의 시댁 선영을 보전하게 하여주시길 천만 진심으로 정성을 다해 빕니다. 사또께 처분을 부탁드립니다.

신유년1861 정원正月 일日

윤씨 올림

일개 과부의 심정을 구구절절하게 표현한 한글 소장을 보고

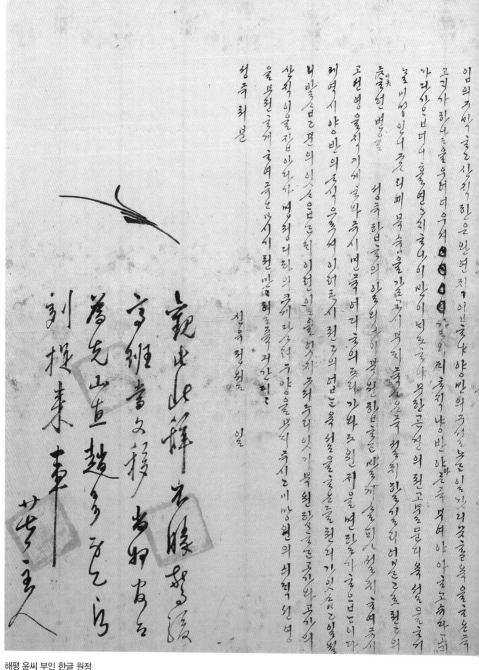

**해평 윤씨 부인 한글 원정**

1861년 미망인 윤씨 부인이 당시 문경 현감 유치량(俞致良)에게 올린 한글 청원서.
시댁 선영을 지키려던 부인의 처절한 노력을 볼 수 있다. 국립한글박물관

후나션우지롱 미방인을 지원하

셩즉 한아의 말삼 일너 슬 비롯 비록 이 부란 비방인의 역 천명 아니라

호나 셩우지롱 신칙하 이지시 인의 의 칙천명은 우지롱즉 비 이지리 비방인의 역 칙천명 아니라

낫박으로 왈하 이 되 평싱 미샹즉 메롱구지 젼뎌니 이지 취 굴의

징어 바신 숙호 한라 호고 비방인이 졋더 일 되 리지을 취할 노롤

쳬쳔 사후 사빈와 궁흘 힝하 비방인이 일 기니니라

일을 왈하 니옷 후다 슬어니 니 미방인 사롤 일을 젼소 쳥닛슬의 명졍을

럼의 츌닙 힝하 젹의은 비방인 와롤 초시롱을 알외라 미방인의 로 불노소스의

루의롤슬 쳥련라 거후와 김비질노의와 칙천의 가기 잇 여뎐 잇슬다가

당하냐오 국 구한이의 블효기니의 로 메블옛 삭란의 공간

항심다 우지 살롱이 니 된 나수라 로롤의 게 월옛블라 호지라 공간

로 멋지 고와 의원니 리와 봇쳐 이니 시롱가 호의 오본즉 가죄 졋의 공간

이리 되스 웅 쳔가한을 붓회기이 게리와 의라 화롱시를 지될 쳔뎌이 느 공간

가쳔 임된 힌의 살라 을 쳥흘 디케글늘 미방얏 화롱시를 힌뎡이 느 공간

경우의 되일 디지를 비실 니시 젼지로 가나 거이 샹을 슈슈 쳥메 닛니 말의

간의 방편우 칙 밤본리지를 칙한라 욕 젼리인다 곳롤 미방이느 셩나슈슈슈

화롤 곳슈롤 쏫슐 쳔 밧쉬 지죠스 디한의 블라 써뮈 곳 옷롤 곳 교샹의 향

붓춘롤다 간롤 지뷕 쳔가리 화롤 곳치 하니 뎌의 미오롤 욕구호와 일

광니지를 히 다 고슈슈의 가 샹슈홍롤 딜뎌니 왕쟝됴록의 충

고의 치고을 낭슈슈 시뎌 먼고 의한 숙홍롤 힛뎌 라슈 과샹의 쳔니 힌회

덕제쳐 쏘늘 우 쳔 뎌 호외 을 쳥나슈슈슈 가 스룡 안산 깃노슈슈슈

골 미 행인은 외 우쳔 라으온 쳔 라 춘이 간아이 라 안 한 욕슈슈슈

난수슈 으며 슈 라 온 쳥슈슈슈 스슈슈슈 라 니슈슈슈

사또는 말문이 막혔습니다. 시댁 선영을 보호하려던 가련한 부인의 사정이 안타까웠던 것이죠. 사또는 즉각 그녀를 겁박한 고씨 일가에게 해명 문서를 올리라고 명령했습니다. 게다가 고씨 집안에서 수족처럼 부리던 산지기까지 잡아오라고 판결을 내렸습니다. 윤씨 부인으로서는 한글 소장을 올린 혜택을 톡톡히 누린 게 분명합니다. 혈혈단신으로 시댁을 지키려는 과부의 심정을 호소하고 이제껏 눌려왔던 불리한 형국을 단번에 바꾸어버렸으니까요. 부인의 전략이 제대로 맞아떨어진 셈입니다.

이렇듯 한글은 우리 역사에서 소외되어 있던 여성을 수면 위로 끌어올려 생생한 모습을 보여주고 있습니다. 여기에는 제 뜻을 펼치지 못하는 백성을 안타깝게 여긴 세종대왕의 마음 씀씀이가 담겨 있으니, 그 노력이 헛되지 않았음을 알 수 있네요.

**서양 역사 돌아보기**

윤씨 부인이 한글 소장을 올린 1861년, 서양에서는 어떤 사건이 벌어졌을까? 이때 이탈리아에서는 통일이 완성되어 사르데냐 왕국의 비토리오 에마누엘레 2세(Vittorio Emanuele II, 1820~1878)가 초대 국왕으로 즉위했다. 그 후로 이탈리아왕국은 영국, 프랑스, 독일, 일본 등과 함께 식민지를 경영하는 열강이 되었다. 1884년 조이수호통상조약으로 대한제국과 외교관계를 수립했고, 1901년에는 서울에 영사관을 설치했다. 초대 조선영사는 스물네 살의 해군 소위 우고 프란체세티 디 말그라(Ugo Francesetti di Malgra, 1877~1902) 백작이었다. 젊은 나이에도 불구하고 능력이 굉장히 출중했지만, 부임한 지 1년도 못 되어 장티푸스로 서울에서 사망하고 말았다. 이후 이탈리아는 제2차세계대전 당시 패전국의 지위로 추락하였다. 당시 군주였던 움베르토 2세(Umberto II, 1904~1983)가 왕정 폐지를 국민투표에 부쳤고, 폐지하자는 표가 더 많이 나와 결국 퇴위하였다. 이로써 이탈리아왕국의 역사는 막을 내렸다.

# 23

## 조선 후기에
## 정체를 알 수 없는 괴물이 나타났다?

: 외사관과 괴수 이야기

《조선왕조실록》에는 흥미로운 야사가 꽤 많이 실려 있습니다. 한 낱 야사에 불과한 이야기가 엄격하고 근엄한 정사에 실릴 수 있었던 이유는 외사관外史官 제도 덕분입니다. '바깥 외外'란 글자만 봐도 알 수 있듯이, 외사관이란 서울 이외 지역에서 떠돌아다니는 이야기를 채집해 중앙정부에 보고하던 사람을 말합니다. 대개 그 지방을 책임진 사또가 외사관을 겸임했다죠.

외사관 제도는 조선 초부터 있었지만 활동 실적은 미미했습니다. 조선 후기인 정조 시대에야 비로소 활성화된 것으로 보입니다. 정조가 워낙 백성의 목소리 듣기를 좋아한 임금인지라 명목상 남아 있던 외사관 제도를 다시 일으켜 세운 것이죠. 그들이 작성한 사료의 기록을 보면 현대인의 흥미를 끄는 내용도 있는데, 그중 하나가 강원도 원주에 나타난 기린麒麟 이야기입니다.

## 강원도에 기린이 나타났다!

정조 17년인 1793년에 있었던 사건입니다. 원주 판관 원우손元羽孫, 1722~?은 강원도 명봉산에 정체를 알 수 없는 동물이 출현했다는 소식을 듣고선, 군교軍校 몇 명을 급파해 그 모양새를 그려 오라는 명령을 내렸습니다. 군교들이 판관에게 보고한 짐승의 외형은 어땠을까요? 양구 현감 조덕윤趙德潤, 1747~1821의 기록을 살펴봅시다.

### 기린과 비슷한 짐승이 원주 명봉산에 나타나다

외사관인 양구 현감 조덕윤이 《음청기陰晴記》에 기록하기를 "원주 판관 원우손이 첩보[41]에 '어떤 짐승이 나타났는데 머리와 꼬리는 말과 같고 소의 눈에 발굽은 둥글며, 크기는 세 살 난 송아지만 하

---

**41)** 牒報. 공적인 행정 보고를 뜻한다.

고 털은 잿빛인데 반짝반짝 윤이 나며, 이마 위에는 길이가 두서
너 치쯤 되는 털이 있고 그 사이엔 숨겨진 뿔이 있었다. 지난 11
월 15일에 사제면沙堤面 민가에 나타났고, 12월 9일에는 명봉산으
로부터 큰길을 따라 건등산으로 들어갔는데, 다닐 때는 풀을 밟지
않고 곡식을 뜯어 먹지 않으며 사람을 만나면 꼬리를 흔들어 마
치 길들인 짐승과 같았다'라고 하였다."

___《정조실록》38권, 정조 17년 12월 3일 임술 3번째 기사


기록에 따르면 명봉산에 송아지만큼 큰 짐승이 유유자적하
며 산기슭을 돌아다녔다고 합니다. 지필묵을 담당한 군교는 재
빨리 붓을 들어 짐승의 일거수일투족을 적어놓았습니다.


머리와 꼬리는 말과 비슷하고, 눈과 발은 소를 닮았으며, 이마에
는 뿔이 달려 있다.


이 글귀를 보면 영락없는 기린의 모습이네요. 기린은 성인이
출현할 때마다 반드시 나타난다고 알려진 상서로운 동물입니다.
군교들도 이 동물이 기린일 수도 있다고 추측했던 것 같습니다.
그래서 짐승이 가는 곳마다 따라다니며 유심히 관찰한 것이죠.
그들이 기린에 대해 보고한 문서를 보면 몇 가지 흥미로운
부분이 눈에 띕니다.

다닐 때는 풀을 밟지 않고 곡식을 뜯어 먹지 않으며

바로 이 내용입니다. 사람에게 해가 되지 않는 동물이라는 점을 적극적으로 밝혔는데요. 만일 인근 백성을 해코지하는 동물이라면 총을 쏘든 활을 쏘든 죽일 수밖에 없습니다. 상서로운 동물로 알려진 기린을 죽이는 것은 용납될 수 없기에 이렇게나마 긍정적으로 묘사했을 거예요. 이야기는 여기서 그치지 않습니다.

사람을 만나면 꼬리를 흔들어 마치 길들인 짐승과 같았다.

이 말로써 아예 못을 박아버립니다. 이 낯선 짐승은 아무런 해가 되지 않으니 포획하거나 죽일 만한 증거가 없다고 최종 결론을 내린 것이죠. 이 보고서를 받아본 원주 판관 원우손은 알 수 없는 이 짐승을 기린으로 최종 판단하고선 제명대로 살도록 놔주었을 겁니다.

이 사건을 기록한 사람들은 앞서 말한 외사관입니다. 양구현감 조덕윤은 외사관을 겸임하고 있었는데, 명봉산에 나타난 기린 이야기를 듣고선 그의 《음청기》, 즉 《외사관일기》에 기록하여 중앙에 보고했기 때문에 실록에 기록된 것입니다.

**흥선대원군 기린흉배**
흥선대원군 이하응의 관복에 부착한 흉배. 왕의 살아 있는 아버지였던 그의 지위를 반영하듯
화려한 금실로 도약하는 기린의 모습을 수놓았다. 국립중앙박물관

## 평안도 괴수 이야기

이처럼《조선왕조실록》에는 기린으로 최종 판결을 받아 제 명대로 살다 간 운 좋은 짐승의 기록도 있지만, 호랑이나 표범처럼 사람을 살상하여 죽게 된 정체 모를 짐승도 등장합니다. 바로 평안도에 나타난 괴수입니다. 실록이 말하는 괴수의 이야기는 다음과 같습니다.

### 평안도에 나타난 괴수를 병마절도사가 잡아 가죽을 올려 보내다

평안도에 괴수가 있었는데, 앞발은 호랑이 발톱이고 뒷발은 곰 발바닥에 머리는 말과 같고 코는 산돼지 같으며 털은 산양 같은데 능히 사람을 물었다. 평안도 병마절도사가 총을 발포해 잡아서 가죽을 올려 보내왔다. 임금영조이 여러 신하에게 물으니, 누구는 얼룩말駮이라 했고 누구는 맥貘이라 하였다.

———《영조실록》66권, 영조 23년 11월 5일 신묘 3번째 기사

1747년 평안도에 정체를 알 수 없는 짐승이 나타나, 말과 소는 물론이고 사람까지 잡아먹는 끔찍한 일이 발생했습니다. 평안도 지역의 군대를 이끄는 병마절도사가 이 사나운 짐승을 총으로 쏘아 잡았죠. 만일 이 짐승이 사람을 해치지 않는 온순한

동물이었다면 앞서 언급한 기린처럼 무사히 살아남았을 겁니다. 어찌 되었든 평안도 병마절도사는 이 짐승의 가죽을 벗겨 서울에 있는 임금에게 진상합니다. 가죽이 서울로 올라왔다는 소식을 들은 영조는 자기 앞에 가지고 오게 하는데요. 영조가 짐승의 크기가 어떠한지 물어보자, 대형 호랑이만 하다고 신하들이 대답했습니다. 누구는 이 짐승이 얼룩말이라고도 하고 누구는 맥이라고도 하니, 영조가《산해경山海經》이라는 책을 가지고 오도록 명령을 내립니다. 왜《산해경》을 가지고 오라고 했을까요? 여기서《산해경》이 어떤 책인지 알아보지 않을 수 없습니다.

《산해경》은 중국의 고대 지리서로서 우리나라 최초의 국가인 고조선의 명칭이 처음으로 언급되는 서적입니다. 책 속에는 괴기한 짐승의 모습과 이름도 수록되어 있는데요. 영조가 책을 펼쳐 본 이유는 잡아온 짐승이 기린처럼 상서로운 동물인지 아닌지 알고 싶어서였습니다. 신하들이《산해경》을 훑어보고선 이 짐승은 좋은 의미의 동물은 아니라고 말하자, 영조는 대번에 기분이 언짢아졌습니다. 어서 빨리 책을 들고 나가라는 명령을 내릴 정도로 말이죠!

사실 현대 이전까지의 군주들은 산천초목에 출현하던 기이한 짐승에 대해 무척 민감했습니다. 이를 가지고 통치가 잘되었는지 잘못되었는지 가늠했거든요. 왕이 선정을 베풀면 하늘에서 길한 짐승을 내리고, 그렇지 않으면 이상한 짐승을 내린다는 신비주의는 서양만이 아니라 동양에도 있었던 지극히 평범한 관념이었습니다.

안타깝게도 이러한 야사를 수집하던 외사관 제도는 정조가 죽고 나선 명목뿐인 껍데기로만 남아버렸습니다. 지방에서 일어나는 신기한 이야기를 올리라며 성화를 부리던 임금이 사라졌기 때문이죠. 이런 역사적 전개는 항상 아쉬움만 남깁니다. 정조와 같은 현명한 임금이 계속 자리를 지켰다면 우리 역사가 좀 더 풍요로워지지 않았을까 하는 생각에서 말입니다.

**서양 역사 들여다보기**

조선에서 기린이 발견된 1793년 무렵, 서양에서는 어떤 사건이 일어났을까? 이때 프랑스에서는 과학자 라부아지에Antoine Laurent Lavoisier, 1743~1794가 단두대의 이슬로 사라졌다. 라부아지에는 '근대 화학의 아버지'라고 불릴 정도로 탁월한 과학자였다. 이전의 유럽 화학은 학문이라기보다 연금술이나 화약 제조술 같은 기술에 지나지 않았다. 18세기 무렵 라부아지에가 등장하면서 화학은 일대 혁명을 겪었고, 근대 학문의 면모를 갖추었다. 그는 과거의 무질서했던 화학 법칙을 '질량 보존의 법칙'이나 '원소 법칙'으로 정리하며 새로운 시대를 만들어나갔다. 라부아지에는 학자 말고도 또 다른 직업이 있었는데, 바로 세금 징수원이었다. 세금 징수원으로 공직 경력을 쌓던 그는 화약국 국장이라는 고위직까지 오른다. 하지만 프랑스혁명의 여파로 전직 세금 징수원에 대한 처형 논의가 일어나자, 세금 징수 조합의 핵심이었던 라부아지에는 형장의 이슬로 사라지고 말았다.

# 24

## 구한말 사진관을 개업한 전문직 여성이 있었다?

: 여성 사진사 이홍경 이야기

1921년 경성부<sub>서울</sub>. 어느 양반댁 젊은 규수가 하얀 모시옷을 입고 사진관에 들어옵니다. 중년의 여성이 정중한 인사를 올리며 맞이하더니 규수를 의자에 앉힙니다. 이리저리 규수의 옷매무새를 살펴보고는 사진기로 발걸음을 옮기고 능숙한 솜씨로 기기를 조작하네요. 규수는 안심이라도 하듯, 이를 드러내며 활짝 웃습니다. 세련미를 더해서 어찌 보면 현대적인 감각도 묻어나는 표정이었죠. 그녀가 사진을 찍은 곳은 서울 북촌 인사동에 소재한 '경성 사진관'이었습니다. 양반가의 규수가 이곳에서 사진을 찍은 이유는 바로 여성 사진사가 운영하는 여성 전용 사진관이었

**일제강점기 조선 풍속엽서**
일제강점기에 제작한 조선 풍속엽서에 담긴 조선 여인의 사진. 새하얀 모시 한복이 인상적이다. 개인 소장

기 때문입니다.

　일제강점기에도 조선 시대를 관통했던 남녀유별의 풍속은 엄연히 존재했습니다. 남성 사진사 앞에서 사진 찍기를 꺼리던 여인도 꽤 많았고요. 하지만 여성이라고 해서 사진 찍고 싶은 욕구가 없을 리 없습니다. 수요는 폭발했고 그 수요에 따라 여성 사진사가 등장했습니다. 여성 전용 사진관을 운영한 사람은 바로 이홍경李弘敬이라는 여인이었어요.

## 일제강점기 전문직 여성 사진사

　경성부 관철동 75번지 이홍경 여사는 자기 집에서 3년 동안 사진술을 연구한 결과, 초상화를 청미하게 촬영하는 묘법을 습득하여 21일부터 사진업을 개업한다는데, 그 사진 촬영에 사용하는 렌즈는 유명한 '젯사'를 사용한다 하며 경성에 부인 사진관 개업은 이홍경 여사가 처음이라더라.

____ 〈조선일보〉 1921년 5월 22일자

〈조선일보〉에 실린 사진사 이홍경의 기사입니다. 이홍경은 전문적인 사진 교육을 받은 여성은 아니었어요! 독학으로 사진술을 연구하며 묘법을 터득했습니다. 쉬운 일은 아니었을 테니, 그녀의 영민함이 엿보이는 대목이라 할 수 있습니다.

사실 이홍경보다 앞선 여성 사진사가 있었습니다. 해강海岡 김규진金圭鎭의 부인 향원당香園堂 김진애金眞愛. 1868~1949였습니다. 원래 이름 있는 화가이자 서예가였던 김규진은 일본에서 사진술을 익혀 우리나라로 들여왔는데요. 그림을 그리는 화가였기 때문에 일찍부터 정교하게 사물을 찍어내던 사진의 상업적 가치를 파악하고 있었던 것 같습니다. 그림보다 더 정밀한 사진술이 이목을 끄는 것은 당연한 일이었을 테니까요.

김규진이 운영하던 사진관의 이름은 '천연당天然堂 사진관'으로, 우리나라 최초의 사진관이기도 합니다. 사진관은 서울 어느 지역보다 햇빛이 잘 드는 곳에 있었어요. 그래서 사진관 이름을 '하늘 아래 가장 자연스러운 곳'이라고 지었을지도 모를 일입니다. 사실 김규진이 이곳에 사진관을 차린 이유는 따로 있었습니다. 사진술에서 가장 중요한 포인트는 '빛'입니다. 사진의 발색을 잘 받기 위해서는 조명이 중요했고, 당시의 조명은 햇빛이었으므로 볕이 잘 드는 곳에 사진관을 만들어야만 했어요.

김규진은 천연당 별당에 여성 전용 사진관도 만들어놓았습니다. 당시 〈대한매일신보〉 기사를 보면, 그가 부인 김진애를 내세워 여성 전용 사진관을 자랑스레 개업한 사실이 잘 나와 있습니다.

> 포덕문 밖 신작로 변 김규진 집에 천연당 사진관을 개업하고 부인네 사진을 백히옵는데박는데, 값도 염저렴하고 사진 정교하오며 내외 엄숙하고 부인 사진은 여인이 백히오니, 사진 백히시기 원하시는 부인네는 본당에 왕림 면의[42] 하시옵소서.
>
> ____ 〈대한매일신보〉 1907년 10월 25일자

우리나라 두 번째 여성 사진사였던 이홍경도 김진애처럼 남편에게 사진 기술을 배웠습니다. 이홍경의 남편 채상묵蔡尚黙은 구한말에 화가로 널리 알려진 석지石芝 채용신蔡龍臣의 아들인데요. 채용신은 고종의 어진御眞, 임금의 초상화을 그릴 정도로 뛰어난 화가이자, 직업적으로 초상화 제작소를 차려놓고 인물화를 그린 최초의 조선 사람이었어요. 아버지의 뒤를 이은 아들은 시대 변화에 따라 인물 사진을 찍었던 셈이죠. 김규진이나 채용신 모두

---

42) 面議. 직접 얼굴을 마주 보며 의논한다는 뜻으로, 대면 상담을 이른다.

**천연당 사진관 광고**
〈대한매일신보〉 1907년 9월 7일자에 실린 천연당 사진관 광고. '부인(婦人)은 내당
(內堂)에서 부인이 촬영하고, 출입이 매우 편리함'이라고 설명하면서 여성 전용 사진
관임을 홍보하고 있다. 대한매일신보

화가였으므로 사진술의 도입은 조선 시대 화가로부터 전승된 것
이 분명해 보입니다.


## 시집살이에서 벗어나 전문직 여성이 된 이홍경

　이홍경이 우리나라 최초로 여성 사진관을 개업할 수 있었던
것은 시집인 채씨 집안 덕분이었습니다. 이홍경의 시아버지 채
용신이 특기인 그림 실력을 앞세워 조선 최초의 초상화 공방을
만들고 돈을 벌기 시작한 겁니다. 채용신의 아들 채상묵은 한발

더 나아가 당시로서는 최첨단 기술이었던 사진술을 배워 아버지와 동업을 했고요. 아들이 사진을 찍어오면 아버지가 그 사진을 토대로 초상화를 그려주는 방식이었죠.

사진관을 개업할 때만 해도 이홍경은 시아버지 채용신과 시어머니 전주 이씨를 모시고 살았습니다. 그런데 시어머니의 시집살이가 보통이 아니었다고 해요. 이홍경은 꼭두새벽에 일어나 시부모님께 문안을 드린 뒤 밥을 하고 길쌈을 해야만 했어요. 아내가 피곤에 찌들어 꾸벅꾸벅 조는 것을 안쓰럽게 여긴 채상묵은 아내를 서울로 데려오기로 작정했습니다. 함께 사진관을 운영하면 어머니에게서도 벗어날 수 있고, 여성으로서 전문적인 직업도 가질 수 있으니 일석이조나 다름없었죠.

남편의 외조 덕분인지 이홍경의 인생은 점점 날개를 펴나갔습니다. 사진사로 학교에서 강의도 하며 전문직 여성으로서 독립적인 삶을 영위하기 시작한 거예요. 근화여학교에서 사진학과를 창설하자, 이홍경은 그곳에서 학생들을 가르치면서 자신의 사진 철학과 고충을 널리 알리기도 했습니다.

하나에서 열까지 모든 점에 각별히 주의하지 않으면 안 되는 것일 뿐만 아니라, 사진 영업을 하는 이들에게 가장 안타까운 일은 흠 없이 잘 만들어둔 줄 알았다가 찾으러 오는 사람에게 내어주려 할 때 다시 열어보면 의외로 흠이 드러나는 것이니, 구멍이라도 있으면 온몸을 쑥 들어가 그대로 숨고 싶은 생각까지도 난답니다.

___ 〈조선일보〉1926년 5월 18일자에 실린 이홍경의 직업관

앞에 나온 풍속엽서의 여인 사진을 다시 한 번 들여다보았습니다! 긴장한 표정이 역력하지만, 팔짱 낀 모습에서 풍겨 나오는 그녀만의 당당함은 이채롭기까지 합니다. 독특한 개성과 자유로움이 묻어나는 사진에 더욱 애착이 갑니다.

**서양 역사 돌아보기**

이홍경이 여성 사진관을 연 1921년, 서양에서는 무슨 일이 벌어졌을까? 이때 미국에서는 워싱턴회의Washington Conference가 열렸다. 제1차세계대전 이후 군비 축소와 동아시아 질서 구축을 위한 국제 회담으로, 미국이 주창했다. 1차대전 당시 세계 각국의 열강은 군비 증강에 힘썼는데, 특히 미국과 일본 사이에 군함 건조 경쟁이 치열했다. 두 나라는 결국 재정 압박을 이기지 못하고, 군비 제한을 위한 회담을 열어야 한다는 결론에 다다르게 된다. 워싱턴회의에는 미국, 일본과 함께 중국, 영국, 프랑스, 이탈리아, 네덜란드, 벨기에, 포르투갈의 아홉 국가가 참가했으며, 이들은 군비 제한을 넘어 동아시아의 국제 질서 문제까지 의제에 올렸다. 그 결과 '워싱턴 체제'가 성립되어, 1931년 일본이 중국을 침략한 만주사변 발발까지 동아시아의 질서는 10년간 정체 국면을 유지하였다.

# 25

# 역병으로부터 어린아이를 구한
# 선각자가 있었다?

: 18세기 실학자와 지석영 이야기

토인비<sub>Arnold Joseph Toynbee</sub>라는 학자는 '역사란 도전과 응전의 결과
물'이라고 말했습니다. 토인비는
서양 사람이었지만, 그가 말한 도

**아널드 조지프 토인비**

영국의 사학자. 86세의 나이에 한국의 효와 경로사상,
가족제도 등의 설명을 듣고 눈물을 흘리면서 "한국의
효 사상에 대한 설명을 듣고 보니 인류를 위해서 가
장 필요한 사상이다. 한국뿐만 아니라 서양에도 '효'
문화를 전파해달라"고 부탁했던 것으로 유명하다.

전과 응전은 분명 동양에도 있었을 것이며, 궁벽한 나라 조선에도 있었을 것입니다.

16세기 조선에서는 율곡 이이와 퇴계 이황의 정통 주자학이 사유체계를 휩쓸게 됩니다. 이런 주자학의 흐름에 반발해 학문을 넓게 포용하려는 탈주자학적 흐름도 나타나고요. 토인비 선생이 말씀한 '도전'이란 움직임이겠죠. 이들이 바로 18세기 '북학파'입니다. 담헌 홍대용, 연암 박지원, 초정 박제가, 아정雅亭 이덕무李德懋, 영재冷齋 유득공柳得恭으로 대표되는 연경 유학파 인

사들이 '청나라 학문을 배우자'며 정통 주자학에 경도된 조선 사상계에 큰 파문을 일으킵니다.

원래 북학北學이라는 말은 '우물 안 개구리와 같은 시각에서 벗어나 선진학문을 배운다'라는 의미입니다. 한국사나 국어 교과서에도 여러 번 등장하는 용어로,《맹자》의 다음 구절에서 기인합니다.

**홍대용 초상**
청나라 문인이자 홍대용의 친구였던 철교(鐵橋) 엄성(嚴誠, 1733~?)이 그린 연경 유학파 홍대용의 초상화. 엄성의 저서 《일하제금합집(日下題襟合集)》에 실려 있다. 일하제금합집

진량陳良은 초나라에서 태어났지만 주공과 공자의 도를 좋아한 나머지 북쪽으로 중국에 와서 학문을 배웠다.

북학파는 중세적 시각에서 벗어나 근대적 과학관을 수용하자며 격렬하게 주장했습니다. 백성을 살리는 이용후생, 지동설, 유통과 소비경제의 확산, 생산의 기술적 혁신이 그 내용입니다. 심지어 박제가는 중국어를 공용어로 사용하자는 극단적인 주장까지 할 정도였어요. 조선의 현실이 그를 북학파의 미친 선비狂士로 만들어버릴 정도로 답답했거든요.

## 천연두 예방법을 저술한 18세기 실학자들

중국 문물에 푹 빠진 당괴43) 박제가가 다산 정약용과 함께 저술한 책이 하나 있습니다. 바로《마과회통麻科會通》입니다.

1790년 정약용은 청나라 연행을 떠나는 박제가에게 마진麻疹,홍역에 관한 의학서를 구해달라고 부탁합니다. 정치적인 당파는 달랐지만 함께 인두법人痘法을 시술하면서 천연두를 연구한 일이 있으니, 홍역과 관련한 의학서를 부탁한 일은 개연성 있는 이야

---

43)  唐傀. '중국에 미친 사람'이라는 뜻이다.

기죠. 정약용은 박제가에게서 받은 예순여섯 종의 홍역 관련 의학서를 추려내어 한 권의 책으로 집대성합니다. 1798년 제작된 이 책은 1796년에 성공한 것으로 알려진 제너<sub>Edward Jenner, 1749~1823</sub>의 천연두 예방법 '우두방<sub>牛痘方</sub>'을 부록으로 수록하고 있습니다.

정말 놀랍지 않습니까. 제너가 갓 발견한 따끈따끈한 천연두 치료법이 조선에 닿기까지 고작 2년밖에 안 걸렸다는 사실이 말이에요! 《마과회통》 서문을 쓴 정약용의 말을 간추려 보면 이렇습니다.

> 범중엄<sub>范仲淹</sub>이란 학자는 글을 배우고 도를 세우는 것은 바로 사람의 생명을 살리기 위한 것이라 했다. 나는 이 말에 전적으로 동의한다. 옛날 이몽수44)라는 의원이 있었는데, 홍역을 홀로 연구해 많은 어린아이를 구하였다. 나<sub>정약용</sub> 역시 이 사람 덕분에 홍역으로부터 살아났다. 내가 《마과회통》을 쓰는 이유는 이몽수의 은혜를 갚는 동시에 시골의 궁벽한 사람들에게까지 홍역의 치료법을 알려 어린아이들을 살리려 함이다.

1835년 정약용이 제너의 '우두법'을 백성에게 직접 시술했다는 이야기<sub>이규경의 기록</sub>가 전해옵니다만, 정약용이나 박제가와 같

---

44) 이헌길(李獻吉). '몽수'는 그의 자. 영조 때 홍역이 유행하자, 이를 퇴치한 명의다.

은 실학자의 노력은 그저 한 세대에 그치고 말았습니다. 정조 사후 노론 벽파가 주도권을 잡게 되면서 2세대 실학자였던 박제가, 정약용, 서유구徐有榘 등은 정계에서 배제되었거든요. 천연두 치료법은 알아냈으나 저변을 확대하는 데에는 실패한 셈입니다.

과학적 의료법을 수용하여 백성을 살리자던 북학파의 도전은 또다시 물거품이 되었습니다. 하지만 이용후생을 강조한 북학파의 계승자들이 19세기에 다시 등장합니다. 이들이 실학 3세대인 '개화파'입니다. 송촌松村 지석영池錫永, 1855~1935은 개화파의 낭중지추였죠. 그는 하늘이 땅을 가리지 않고 내놓은 인재였어요. 서울 종로통의 중인 가문 출신이지만 꿈이 남달랐습니다. 양반 사대부가 주로 공부하던 박사업博士業을 연찬研鑽한 다음, 문과에 합격해 백성을 구제하려던 큰 뜻을 품고 있었기 때문입니다.


## 종두법을 보급한 북학파의 후예 지석영

----

지석영은 중인 출신이었기 때문에, 어려서부터 중인 역관들이 우러러보던 박제가와 같은 북학파의 이야기를 들었을 것입니다. 또한 한의사 가문이었기 때문에 정약용의 《마과회통》 역시 알고 있었을 것입니다. 그는 경성의학전문학교의 전신이자 서울대학교 의대가 계승한 우리나라 근대 의학 산실 '관립의학교'의

초대 교장을 역임할 정도로 뛰어난 의학자였습니다.

1880년 일본에 파견된 수신사 김홍집金弘集을 따라 일본으로 유학한 지석영은 초량왜관에서 '우두법'을 수입해 처가댁 식구에게 시술했습니다. 치료법은 성공했고, 어린아이에게도 우두 접종의 효과가 보이자 이렇게 말했다고 합니다. "와! 내가 대과에 합격했던 때보다 더 기쁘다! 하하." 과연 선각자다운 말씀입니다. 개인적인 출세와 성공보다도 이 나라 어린아이를 구제하는 일이 더욱 위대한 사업이었기에 이런 언사가 가능했으리라 생각됩니다. 이런 분이야말로 '큰 사람'이 아닐까요.

지석영은 김옥균金玉均의 개화파와 손을 잡고 조선 팔도에 우두법을 시행했지만, 실적은 지지부진했습니다. 개화파의 정치적 힘이 부족했기 때문이죠. 그러나 1894년 갑오개혁으로 개화파가 실권을 잡자 분위기는 180도 달라집니다. 지석영이 김홍집 내각의 핵심 관료가 되어 정책을 직접 추진할 수 있게 된 것입니다. 1895년에는 종두 규칙도 마련했는데, 어린아이에게 의무적으로 우두 접종을 시술토록 하는 법 규정이었습니다.

지석영은 걱정이 많았습니다. 우두법이 박제가, 정약용의 사례처럼 한 번만 시행되고 사라지는 게 두려웠기 때문이에요. 그래서 갑오개혁 당시, 내무아문 위생국에 우두의牛痘醫 양성소를 설립합니다. 근대적 예방 의료법인 소독법도 제정하고요. 이 소독법은 나중에 일본이 조선을 강점한 후 찬탄을 금치 못하던 정책 중 하나였습니다. 조선은 더럽고 미개한 나라인 줄 알았는데 그렇지 않다는 것을 보여주었기 때문입니다. 지석영은 교육을 마친 우두의들을 조선 팔도에 내려보내 강력한 시책으로 어린아이들에게 우두를 접종했습니다. 1896년 동래 부사가 되자 우두법을 직접 관내 지역에 시행하기도 했습니다.

지석영의 훌륭한 점은 별다른 게 아닙니다. 자주 근대화의 역사를 생생하게 보여준 인물이라는 데 있습니다. 우두의 양성소를 설립해 예방 의료 정책을 만들었다는 역사적 사실은 우리가 외세에 의존하지 않고 스스로 근대 국가를 수립해갔다는 중요한 증거입니다. 중국도 아니고 일본도 아닌, 우리 자력으로 근대 예방 의학을 시행한 것이 역사의 진실입니다. 일본이 그렇게도 주장하던 식민지 수혜론 중 하나인 예방 의학을 그들이 베푼 게 아니라는 점이 지석영에 의해 밝혀진 셈이니까요.


## 근대 의료행정의 상징, 대한제국 우두 예방 전령

———

여기서 보여드릴 문서는 우두와 관련된 근대 공문서입니다. 자질구레한 고문서로 보일지도 모를 테지만, 우리 근대사에는 중요한 사료입니다. 이와 같은 사료들이 발견될 때마다 잊혀지고 왜곡된 우리 역사가 바로 설 수 있으리라 봅니다. 구한말 극

도로 혼란한 시기에도 불구하고, 우리 스스로 보건의료 정책을
수립하고 자주적으로 시행했다는 것을 증명하는 문서이니 한번
들여다봅시다.

### 진주군晉州郡 면리동임에게 내리는 전령傳令

잘 알고 헤아려 거행할 일이라! 무릇 우두법은 묘한 처방인데도
우매한 백성이 개명開明치 못해 이를 믿지 않고 따르지 않는다 하
니 어찌 개탄하지 않을까? 지금 가을 기운이 높아 가히 의술을 시
행할 적기인 까닭에 인허원認許員 하종원河宗源을 차송하니, 명령이
도착하는 대로 각기 여러 동임부터 아직 우두를 맞지 않은 어린
아이未痘兒를 하나하나 책자를 만들어 기록하고 이들을 데려와 접
종케 하며, 사적인 시술을 주고받거나 완고하게 저항하며 훼방을
놓거나 접종에 불응하는 자들의 징속懲贖 처벌은 장정법전에 실어놓
았으니 성념해 실시하고, 담당자를 대접하는 데에도 척념惕念으로
시행하여 소홀함이 없도록 할 것이 마땅한 일이다.

_____ 1904년 7월 23일 경남 종계사

1904년 7월 23일 우두의 하종원이 경남 관찰부 종계사의
명령을 받아 진주 각 읍·면·동을 찾아다닙니다. 우두 접종을
하지 않은 어린아이들의 예방 접종을 위해서였죠. 당시에는 우

두술과 같은 근대 예방 의료에 반감을 가진 백성이 의외로 많았습니다. 어리석은 백성을 뒤에서 쥐고 흔든 주범은 다름 아닌 무당이었어요. 무당은 천연두를 마마신으로 부르며 경외시하고는 돈을 받아서 푸닥거리하여 치료하려고 했습니다. 자기 밥줄을 끊어놓은 부류가 우두의였으니, 이들을 '서양 도깨비'라 부르며 터부시한 것은 당연지사였습니다.

여기서 재미있는 사실을 알려드리겠습니다. 명성황후를 손아귀에 쥐고 흔들던 진령군眞靈君이란 무속인을 탄핵한 분이 지석영 선생이라는 사실을 아시는지요? 우두법 시행 때문인지는 모르겠으나, 지석영은 형조참의로 있을 당시 고종과 명성왕후의 뒷배를 믿고 설치던 진령군 박씨를 상소하여 끌어내렸습니다.

**1904년 경상남도 종계사에 우두 접종을 지시한 대한제국 전령 문서**
이 문서에는 커다란 관인 아홉 방이 찍혀 있다. 보통 관문서는 홀수로 도장을 찍는 것이 원칙이다. 문서에 짝수로 관인이 찍혀 있다면 이는 위조본이거나 어느 부분이 절삭(切削)된 문서라는 뜻이다. 개인 소장(필자 촬영본)

신지석영이 억만 백성의 입을 대신해 자세히 아룁니다. 정사를 전횡하고 임금의 총명을 가리며, 신령의 힘을 빙자해 임금을 현혹하고, 기도한다는 구실로 재물을 축내며, 요직을 차지하고 농간을 부린 요사스러운 무당에 대해 세상 사람들이 그의 살점을 씹어 먹으려고 합니다. 저 극악한 행위가 큰데도 문책하지 않으며 아끼고 비호하시니 백성의 마음이 어찌 풀리겠습니까. 삼가 바라건대, 어서 빨리 상방검(尙方劍)으로 죄인을 주륙하고 머리를 도성 문에 달아매도록 명하신다면 민심이 비로소 상쾌하게 여길 것입니다.

_____《고종실록》 32권, 고종 31년 7월 5일 기묘 3번째 기사

개화 관료와 무속인의 흥미진진한 싸움에서 고종이 손을 들어준 쪽은 지석영이었습니다. 그래서 여명기 조선의 근대적 의료 체계가 존속할 수 있었으리라 생각됩니다. 백성의 반감이 있었지만, 시술에 저항하는 이들을 법에 따라 처벌하도록 하여 천연두로부터 수만 명의 어린아이를 구해낼 수 있었던 것은 근대화의 속도를 높인 정부의 노력 덕택이었습니다.

한편 이 우두 문서를 작성해 시행한 시기는 러일전쟁이 한창인 1904년 7월이었습니다. 우리나라가 어느 나라에도 매이지 않았던 시절이네요. 물론 러일전쟁 이후 급속도로 일본의 지배하에 들어갔기는 했지만, 1904년 7월에 있었던 우두 접종은 타국의 간섭 없이 우리 스스로가 진행한 예방 의료 사업임이 분명합니다.

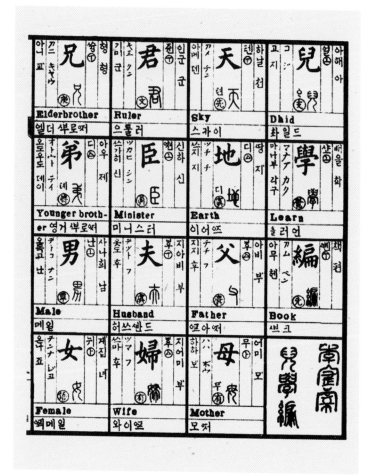

**아학편**

북학파의 계승자 송촌 지석영이 발행한 다산 정약용의 《아학편(兒學編)》. 실학자인 정약용의 저작에 더하여 외국어 학습의 중요성을 강조한 북학파 초정 박제가의 혼을 담아낸 역작이다. 지석영은 서문에서 '글자 하나만 보아도 오늘과 옛날, 동양과 서양의 흔적을 손바닥 보듯 알 수 있다'라고 말했다. 새로운 문화를 긍정하던 북학의 꿈은 계속되어야 한다. 국립중앙도서관

아쉽게도 조선이 보여준 도전과 응전의 역사는 여기서 끝납니다. 1905년 외교권을 강탈당해 서양 국가와의 교섭이 불가능해졌고, 1910년에는 국권마저 빼앗겨 자력에 의한 근대화가 좌절되었기 때문입니다. 35년 동안 일본 제국주의의 일방적인 폭력과 압제로 우리 민족은 '순응'만 있었지 '도전과 응전'의 내재적 성장은 없었습니다. 그 때문일까요? 내재적 성장이 부족했던 우리 사회는 해방 이후 왜곡과 부조리가 판치고 정의마저 실종되어 계층 간, 세대 간, 남녀 간 갈등이 더욱 심화된 게 아닌가 하는 아쉬움이 생깁니다.

그러나 아쉬움은 아쉬움일 뿐, 우리는 과거의 역사를 바탕으로 미래의 거울을 마주할 수 있습니다. 여기까지 함께한 스물다섯 가지 조선 시대 이야기가 부디 독자 여러분께 재미와 흥미를 드릴 뿐 아니라 내일의 키잡이가 되길 바랍니다.

**서양 역사 톺아보기**

지석영이 태어난 1855년, 서양에서는 어떤 일이 일어났을까? 이때 독일의 유명 수학자 가우스Carl Friedrich Gauss, 1777~1855가 사망했다. 가우스는 지금 유행어로 말하자면 '흙수저'의 전형이었다. 그의 아버지는 벽돌 제조공이었는데, 아들이 자신의 대를 이어 훌륭한 벽돌 노동자가 되기를 원했다고 한다. 이 때문에 아버지와 다툼이 잦았지만, 가우스는 결국 대학에 진학해 수학을 전공한 학자가 되었다. 그리고 수학의 기본인 정수론整數論을 확립해 오늘날 '근대 수학의 아버지'로 평가받고 있다.

# 참고문헌

01 **조선 시대 여성은 남성처럼 계급장을 달았다?**
출토 복식으로 본 우리 옷 이야기 (국립중앙박물관 전시)
조선 시대 왕실 여성의 흉배제도 변화에 관한 연구 (김영선, 안동대학교, 2017)
16세기 여성 복식에 관한 연구: 남양 홍씨 몽남(夢男, 1534~1574) 배위 연안 김씨 묘 출토
복식을 중심으로 (송미경, 한국복식학회지, 2007)

02 **조선 팔도에 일본인 노비가 돌아다녔다?**
조선왕조실록
두 얼굴의 조선사: 군자의 얼굴을 한 야만의 오백 년 (조윤민, 글항아리, 2006)

03 **왕대비에게 소송을 건 간 큰 남자가 있었다?**
조선왕조실록

04 **임진왜란 때 나라를 구한 천하장사 내시가 있었다?**
조선왕조실록
승정원일기
호성공신 종1품 숭록대부 울릉군 임우 묘지명

05 **조선판 SKY캐슬이 있었다?**
미원계회도 (국립중앙박물관)
연안 이씨 이 직각 댁 소장 고문서 (옥산자 서실 소장본)
조선 중기 국가와 사족 (김성우, 역사비평사, 2001)

06 **조선 시대에 능력을 인정받은 여자 선비가 있었다?**
농암집 (김창협)
기원집 (어유봉)
조선의 여성들, 부자유한 시대에 너무나 비범했던 (박무영 · 김경미 · 조혜란, 돌베개, 2004)
조선 여성의 일생 (서울대학교 규장각한국학연구원, 글항아리, 2010)

07 **중국과 일본을 사로잡은 조선의 의학서가 있었다?**
조선 후기 의약 생활의 변화: 선물경제에서 시장경제로 (신동원, 역사비평, 2006)

18세기 후반 의학계의 변화상:《흠영(欽英)》으로 본 조선 후기 의학 (김성수, 서울대학교 규장각한국학연구원(한국문화), 2014)
일기를 쓰다 1, 2: 흠영 선집 (유만주, 김하라 편역, 돌베개, 2015)
조선시대의 의원 및 의업의 사회적 지위에 관한 소고: 허준의 경우를 예(例)로 하여 (박경련, 대한의사학회 의사학 11-2(통권 제21호), 2002)

## 08 18세기 서울은 의약이 분업화된 도시였다?

이재난고 (황윤석)
일기를 쓰다 1, 2: 흠영 선집 (유만주, 김하라 편역, 돌베개, 2015)
18세기 후반 의학계의 변화상:《흠영(欽英)》으로 본 조선 후기 의학 (김성수, 서울대학교 규장각한국학연구원(한국문화), 2014)
조선 후기 의약 생활의 변화: 선물경제에서 시장경제로 (신동원, 역사비평, 2006)

## 09 부의 흐름을 바꾼 조선판 반도체는 홍삼이었다?

조선 후기 대청 무역사 연구 (이철성, 국학자료원, 2000)
19세기 중 · 후반 관세청에 대한 정책과 그 성격 (이항준, 서울여자대학교, 1999)
국사편찬위원회, 우리역사넷 (contents.history.go.kr)

## 10 조선 22대 임금 정조는 악덕 군주였다?

조선왕조실록
승정원일기

## 11 유학 군주 정조는 사실 불교 신자였다?

조선왕조실록
홍재전서
승정원일기

## 12 조선 후기에는 흑화한 엘리트가 있었다?

승정원일기
금강영언록 (김이익)

## 13 첩보 문서를 훔쳐 오던 조선판 비밀 요원이 있었다?

조선왕조실록
비변사등록
승정원일기

14  100만 조회 수를 기록한 유튜브 화제작이 《훈민정음》이다?

노걸대언해 (서울대학교 규장각한국학연구원 소장본)

국역 수사록 1, 2 (한필교, 세종대왕기념사업회, 2017)


15  베트남에서 유명 인사가 된 조선인이 있었다?

조선왕조실록

지봉집 (이수광)

박학(博學)과 소통을 추구한 실학의 선구자 (신병주, 한국사 시민강좌 제42집, 2008. 2)

월남한문연행문헌자료집성(越南漢文燕行文獻資料集成) (푸단대학교)


16  조선 사신은 왜 그들의 옷소매를 잡아당겼을까?

견문소록 (려귀돈)

북원록 (이의봉)

1760년, 조선 사신 홍계희(洪啓禧)와 안남 사신 려귀돈(黎貴惇)의 만남 (김영죽, 동방한문
학, 2013)

월남한문연행문헌자료집성(越南漢文燕行文獻資料集成) (푸단대학교)


17  성모마리아상을 조선에 가져온 선비가 있었다?

일암연기 (이기지)

이기지(李器之)의 《일암연기(一菴燕記)》와 서학(西學) 접촉 양상 (신익철, 동방한문학,
2005)

극동(極東)과 극서(極西)의 조우 - 이기지(李器之)의 《일암연기(一菴燕記)》에 나타난 조
선 연행사의 천주당 방문과 예수회사와의 만남 (임종태, 한국과학사학회지, 2009)

조선 후기 지구설 수용의 사상사적 의의 (구만옥, 하현강 교수 정년기념논총, 2000)

율곡학 프로젝트, 율곡학 인물들 이기지 (http://yulgok.geeo.kr/wordpress/2016/01/08/
character-4-2_001/)


18  1772년 조선 최초의 서양 악기 연주회가 열렸다?

담헌연기 (홍대용)

홍대용과 1766년 (강명관, 한국고전번역원, 2014)


19  서양 선교사의 또 다른 임무는 염탐이었다?

일암연기 (이기지)

이기지(李器之)의 《일암연기(一菴燕記)》와 서학(西學) 접촉 양상 (신익철, 동방한문학,
2005)

## 장 수 찬

신선들이 산다던 제주에서 태어나 공장 굴뚝이 가득한 창원에서 자랐고, 마산 경상고
등학교를 거쳐 한국외국어대학교 정치외교학과를 졸업했다. 웹툰 〈역사툰 사람 이야
기〉를 《장수찬의 역사툰》으로 엮어냈고, 버려지는 고서와 고문서를 수집 · 추적한 끝
에 《보물 탐뎡: 어느 고서 수집가의 비밀 노트》도 출간했다. 전주대학교의 초청을 받
아 〈古典 내 것으로 만들기〉를 주제로 강연도 열었고, 방송국에서 여러 번 불러주어 우
리 역사의 다양한 모습을 대중에게 전달하기도 하였다. 옥당에서 사서를 편수하던 수
찬(修撰)처럼 청반(淸班)의 이름을 얻길 꿈꾸며 세 번째 책 《교과서 밖 조선의 역사》를
내놓았다.

우리가 알아야 할

교과서 밖
조선의 역사

**초판 1쇄 인쇄** 2021년 4월 15일
**초판 1쇄 발행** 2021년 4월 26일

**지은이** 장수찬
**발행인** 박효상
**편집장** 김현
**기획·편집** 김설아 하나래
**교정·교열** 정은경
**디자인** 이연진 김성엽
**마케팅** 이태호 이전희
**관리** 김태옥

**종이** 월드페이퍼 **인쇄·제본** 현문자현 | **출판등록** 제10-1835호
**펴낸 곳** 사람in | **주소** 04034 서울시 마포구 양화로11길 14-10(서교동) 3F
**전화** 02) 338-3555(代) **팩스** 02) 338-3545 | **E-mail** saramin@netsgo.com
Website www.saramin.com

ISBN 978-89-6049-896-9 03900